UNA VIDA SIN OBSTÁCULOS
Si yo puedo hacerlo, tú también puedes

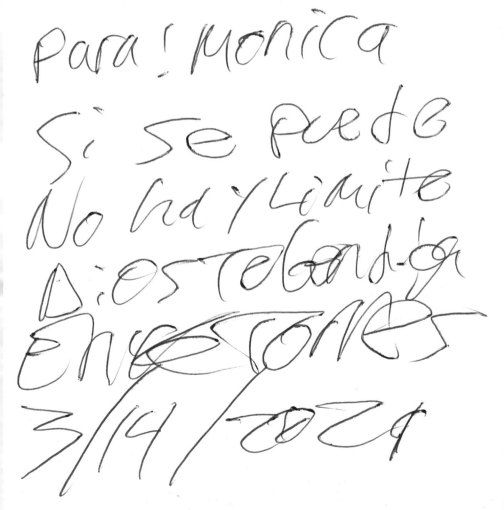

Para! monica

Si se puede
No hay limite
Dios te bendiga
Enes Torres
3/14/2024

UNA VIDA SIN OBSTÁCULOS

Si yo puedo hacerlo, tú también puedes

Erick Torres

Aimee SBP™
Aimee Spanish Books Publisher
www.AimeeSBP.com
1(888) AIMEE 41 1(888) 246-3341

Aimee SBP™

Aimee Spanish Books Publisher
www.AimeeSBP.com
1(888) AIMEE 41 1(888) 246-3341

UNA VIDA SIN OBSTÁCULOS

Erick Torres

ISBN-10: 1-543239-43-9

ISBN-13: 978-1-543239-43-0

Printed in the USA

DEDICATORIA

Gracias Mami y Papi por todo lo que me han dado.

Gracias por traerme al mundo, alimentarme, cuidarme y tratar de hacerme una persona de bien.

Gracias por lo que me enseñaron y el amor que me inculcaron.

Gracias por hacerme comprender que el amor verdadero es ese que se entrega, sin esperar nada a cambio.

Gracias Mami y Papi por su amor, paciencia, comprensión y soportar mis malcriadeces todo el tiempo.

Nunca olviden que los quiero mucho.

Dios les bendiga hoy, mañana y siempre.

Erick Torres

ÍNDICE

PRÓLOGO

Este libro nos muestra el camino hacia nuestros logros, venciendo obstáculos y rompiendo barreras. Todos los seres humanos estamos expuestos tanto al bien como al mal en este mundo; Erick Torres nos muestra, con su experiencia y sabiduría, que no hay limitaciones como los seres humanos creemos, todo es mental.

El joven Torres nos enseña que podemos vencer todo tipo de obstáculos y limitaciones, sin embargo primero tenemos que conocernos a nosotros mismos, y en base a nuestro libre albedrío, tomar sabias decisiones que nos llevarán al camino del bien, de lo puro y lo sano.

"Una Vida Sin Obstáculos. Si yo puedo hacerlo, tú también puedes" es una guía que podemos aprovechar para vencer las adversidades que vamos encontrando en nuestras vidas y que en muchas veces nos dejan en el piso y también nos ayudará a inspirarnos y superar los fracasos que todos vivimos en ciertos momentos.

Erick Torres es una persona muy entusiasta y positiva que siempre observa y vive la vida con una *Actitud Mental Positiva* y siempre lucha para vencer todos obstáculos y seguir adelante.

En esta obra encontraremos fotografías del autor que ilustran las facetas de su vida, momentos que ha venido compartiendo con muchas personas que lo admiran y respetan por su deseo incesante de superarse.

Además en esta obra, el joven autor complementa sus experiencias y sabiduría con historias y reflexiones extraídas del libro *"Un Regalo Para el Alma: Historias para reflexionar"* del reconocido autor y conferencista motivacional José M. Ventura; y de esta manera concientizar al lector de la transparencia de sus mensajes y del valor de cada uno de los temas que trata.

Esta grandiosa obra es un instrumento y gran legado para la humanidad, ya que la información aquí compartida ayudará al lector a crear conciencia y a inspirarse del verdadero sentir que tiene esta maravillosa aventura llamada vida.

También es una fuente de inspiración para todos aquellos jóvenes escritores y conferencistas motivacionales que están, en estos momentos, aprendiendo a navegar en este gran océano de la motivación y superación personal.

Deja que "Una Vida Sin Obstáculos" sea una fuente de inspiración para concientizarte y llevarte a alcanzar los logros que tanto deseas en tu vida sin descuidar tu espiritualidad, familia, salud, verdaderos amigos y trabajo.

Te invito acompañarnos en esta fabulosa aventura llena de una gran dosis de motivación y superación personal.

PIENSA Y ACTÚA

Si piensas que está vencido... tienes toda la razón
Si tienes miedo de atreverte... no te atreverás
Si quieres vencer, pero dudas... no vencerás
Si piensas que todo está perdido... perdido está
Si crees ser un fracasado... nadie te desmentirá

Pero...

Si piensas que ganarás... ya has ganado
Si crees en el éxito... el éxito te obedecerá

Todo está, en tu estado mental.

No permitas que los obstáculos le detengan. Vence y rompe todas las barreras que la vida te ponga.

La vida es bella y corta para quedarse tirado en el piso.
Es más fácil ser una persona exitosa que una persona fracasada. El éxito, el fracaso, la riqueza y la pobreza son estados Mentales que puedes controlar, si desarrollas el poder de la fe y pongas acción, cuando tomes una decisión.

Se agradecido siempre con el Creador por darte el privilegio de vivir, y compartir todos esos bellos momentos con todas las criaturas que Él ponga en tu camino.

¡Se valiente y fuerte! ¡Tú Puedes!

Alejandro C. Aguirre
Escritor y Conferencista Motivacional. Fundador & Presidente
de la Corporación Alejandro C. Aguirre
para el Desarrollo Humano y Superación Personal

INTRODUCCIÓN

En esta obra encontrarás una historia de vida con mucha enseñanza y superación personal, el autor es un claro ejemplo de vida que demuestra al mundo que no existen límites ni obstáculos y que todas las cosas son posibles para el que decide que así sean. En colaboración con el reconocido autor de libros y conferencista motivacional el Sr. Alejandro C. Aguirre, Erick Torres desarrolló esta grandiosa obra.

Erick Torres solicitó a Alejandro C. Aguirre su apoyo y colaboración para que se llevara a cabo esta obra y compartir con el mundo su historia de superación personal.

Ambos son amigos y se conocen de algunos pocos años sin embargo, han entablado una hermosa amistad con claridad de propósito y deseo de superación personal. Anteriormente el Sr. Aguirre apoyó a este joven autor desarrollando un material en versión audio conferencia de donde nació esta obra "Una Vida Sin Obstáculos", ese material fue el primer cimiento para empezar a incursionar en este maravilloso mundo de la motivación y superación personal.

Además de apoyarlo con sus materiales, su gran amigo también entrevistó a Erick Torres para su más reciente obra "Re-Ingeniería Mental: Reprograma tu Mente, Transfor-

ma tu Vida" en la cual narra una parte de su vida y su historia de motivación y superación personal a la par de otros grandes personajes que son y han sido un claro ejemplo de motivación y superación personal.

Actualmente Erick Torres es invitado por el Sr. Aguirre a sus conferencias y seminarios, además que otras personas han puesto la mirada en el joven escritor, por lo que lo han invitado hablar en público en algunas escuelas, eventos de motivación y ferias del libro.

Esta obra narra las vivencias del joven Torres que, en plena concordancia con su vida, son una muestra clara de motivación y superación para todos aquellos que se limitan mental y físicamente, ya que Erick Torres al nacer con los oídos tapados y sin brazos, con solo una extremidad pequeña del lado de su brazo izquierdo demuestra al mundo que puede realizar muchas actividades como manejar su propio automóvil, comer solo con una cuchara especial, rasurarse, lavarse los dientes, manejar bicicleta, manejar aparatos electrónicos con gran facilidad como: computadoras, teléfonos inteligentes, calculadoras, etc. Además de escribir, pintar, tocar guitarra con los pies entre otras muchas cosas más.

Se han colocado algunas fotografías del joven autor dentro de esta obra para ilustrar sus experiencias y cómo ha superado todas las limitaciones y obstáculos que a muchos dejan tirados en el piso. Eso forma parte del propósito de esta obra, que el mundo conozca su historia y que aprendamos de su gran ejemplo de motivación y superación personal.

Todo lo que usted encontrará en esta obra está en congruencia con el autor además de que posee una grandiosa dosis de motivación.

Y como Erick Torres suele decir:

"Todos los días cuando salgo a la calle veo muchas personas tristes y con semblantes muy opacos, al parecer viven en desgracia muy infelices porque lo han decidido así, creo firmemente en que pueden cambiar sus vidas si deciden cambiar su manera de pensar y su actitud ante la vida, por esa razón siempre les regalo una sonrisa, les digo algo amable y les mando muchas bendiciones porque sé que cuán grande es el poder de la palabra y que alguna de mis palabras rezumbará en sus mentes y corazones y eso causará un efecto positivo en su vida".

Muchas personas y en especial los niños quedan muy cautivados cuando ven al joven Torres caminar por las calles, manejar su automóvil o hablar en público ya que por su falta de brazos y al traer un aparato que se le implantó en la cabeza para escuchar desde pequeño causa mucha conmoción y a la vez una inspiración entre las personas y al mismo tiempo quedan impactados con su gran ejemplo de lucha continua y superación personal.

Este joven autor alienta siempre a las personas en dónde quiera que se presente alentándolos a seguir adelante y a no darse por vencidos, siempre recordándoles que son muy completos y bendecidos con todo lo que Dios les ha dado para que sean felices.

Erick Torres siempre declara:

"Si yo puedo, hacerlo tú puedes hacerlo. Ánimos, levántate, esfuérzate y manos a la obra."

Iniciemos juntos este maravilloso viaje lleno de mucho amor, esperanza, fe y paz que este grandioso joven autor comparte con nosotros desde lo más profundo de su ser.

¡Ánimos!

¡Tú puedes lograrlo!

Capítulo 1

La Aceptación

"En la tranquilidad hay salud, como plenitud, dentro de uno.
Perdónate, acéptate, reconócete y ámate.
Recuerda que tienes que vivir contigo mismo por la eternidad".

—Facundo Cabral

Nací con problemas en la boca por lo que no podía hablar, también tenía problemas en la columna, oídos cerrados, problemas en mi cuello, los ojos y sin manos, solo con un brazo. En la escuela recibí muchas terapias, algunas eran para hablar, otras para mover los pies, mover mi dedo, etc.

Siempre he tenido el deseo de salir adelante y lograr grandes cosas en la vida, como llegar a ser un gran escritor y conferencista motivacional. Siempre me he preguntado ¿porque nací sin manos, sin brazos y con todas esas discapacidades? La mayoría de la gente me miraba como una persona rara y no entendía por qué. Luego poco a poco me di cuenta, Dios me diseño de una manera muy especial, con mis defectos y virtudes, para demostrarles a los demás que nada es imposible y que todo es posible en la vida.

Recuerdo que mis padres me llevaban a visitar a mis familiares en algunos sitios cercanos del área, pero en algunas ocasiones me sentía muy incómodo porque mis primos me tenían miedo cuando me acercaba a ellos, por que veían que solo tenía un brazo y no tenía mis manos. Años más tarde, al seguir creciendo, entendí que tenía que aceptarme tal y como soy, con mis defectos y virtudes, con los que el Ser Supremo me creo, también ser muy agradecido con él por todas las bendiciones que me dio para ser una mejor persona.

Dios me diseñó único con un corazón de triunfador para demostrarme a mí mismo que si podía lograr todo lo que me propusiera en la vida si tomaba la acción necesaria y ponía toda mi fe para, eventualmente, lograrlo. Y de la misma manera, demostrarle al mundo que todo es posible en la vida siempre y cuando pensemos de manera positiva, soñando en grande y actuando en grande.

Aprendí a creer y confiar en mí mismo, pero sobre todo aprendí a confiar en Dios. Un precepto bíblico dice:

"Bendito el varón que confía en Jehová, y cuya confianza es Jehová. Porque será como el árbol plantado junto a las aguas, que junto a la corriente echará sus raíces, y no verá cuando viene el calor, sino que su hoja estará verde; y en el año de sequía no se fatigará, ni dejará de dar fruto".

Jeremías 17:7-8 RVR 1960

Considero que lo más importante es poner primero siempre a Dios y entonces todo lo demás empezará a fluir.

Creer y confiar en él, y en nosotros para salir adelante y llegar a la felicidad.

Comencé a superar retos y obstáculos en la vida, por lo que entendí que éstos, a lo que llamamos obstáculos, son meramente mentales y no físicos. ¿Por qué te lo digo de esta manera? Porque ahora entiendo que lo que había pensado que eran barreras para mí, eran en realidad excusas para no lograr lo que tanto deseaba en la vida.

Todos podemos alcanzar cosas grandes en la vida si empezamos a aceptarnos como somos, aprovechando todos nuestros talentos y virtudes que nos han sido otorgado. Aprendí a vencer el miedo con una Actitud Mental Positiva y fe inquebrantable hacia Dios.

Te invito a que tengas valor y fe para enfrentar las situaciones que va poniendo la vida en tu camino, confía en Dios, en tus talentos y sobre todo confía en ti. Ten la plena certeza que todo va a mejorar para bien. ¡No hay limitaciones! ¡Tú puedes hacerlo! ¡Acéptate cómo eres y triunfarás!

Eres una creación perfecta, porque tienes todo para lograr los más grandes deseos y anhelos de tu corazón. ¡Ánimo! Si yo puedo hacerlo con solo un solo brazo, sin manos y a pesar de haber nacido con mis oídos tapados y escuchar con un aparato auditivo, ¡Tú también lo puedes hacer!

¡Me siento muy feliz y agradecido por lo que soy! He hallado el secreto de la felicidad el cual está en ti también, en tu corazón al estar en paz contigo mismo y con Dios. Se agradecido con lo que tienes y lo que eres, así como lo estoy haciendo yo, y lo seguiré haciendo por el resto de mi vida hasta que Dios me preste vida.

Israel Vargas, un gran amigo, escritor y conferencista motivacional, explica la felicidad de la siguiente manera en su obra titulada *"Cómo Tener una Vida Feliz"*: "Tú eres la felicidad y la felicidad está dentro de ti".

Ahora analicemos las siguientes interrogantes:

-¿Te aceptas como eres, con tus defectos y virtudes?
-¿Qué es lo que detiene para ser tú mismo?
-¿Estas logrando tus sueños y metas?
-O mejor aún; ¿Eres feliz con lo que eres y lo que tienes en tu vida?

Si aún no tienes las respuestas a estas interrogantes es mejor que empieces a analizarte y que tomes una decisión para que cambies tu manera de pensar y ver la vida, así como yo lo hice. Y también hazte esta pregunta ¿cuál es la razón tu vida? Acéptate cómo eres, cree en ti, da lo mejor de ti en todo y verás que Dios hará el resto.

Vive el presente, deja el pasado atrás, no arrastres las cadenas de negativismo que no te dejan avanzar, córtalas y déjalas atrás. El pasado ya fue, ya aprendiste, ahora vive el presente al máximo, siempre con miras a un mejor futuro y lograrás lo que tanto deseas en tu vida. Visualízate como una persona positiva y triunfadora, llena de gozo y paz en tu corazón. Porque te mereces lo mejor de lo mejor.

Mi gran amigo, el Sr. Alejandro C. Aguirre, expresa en su segunda obra *"Diseñados para Triunfar: Las 13 llaves del Éxito"* lo siguiente: "Fuiste diseñado para Triunfar y lograr cosas extraordinarias en la Vida".

Piensa en tu futuro sin descuidar el presente, el pasado es historia, acéptate en el ahora y has de hoy un mejor día para ser feliz, siempre con la esperanza de un futuro mejor. Mira hacia adelante y no te detengas por nada ni nadie. Tú vales mucho y te mereces siempre lo mejor.

Aprende a vivir la vida, ayuda y sirve a todas las personas que Dios te pone en tu camino, hoy son ellos, mañana puedes ser tú, no lo olvides.

El Éxito más grande del ser humano es la aceptación de uno mismo. Cuando el ser humano aprende aceptarse cómo es, a disfrutar y valorar todos los maravillosos dones que el Creador le ha otorgado, ese será el momento de su despertar hacia el encuentro consigo mismo; entonces todas las cosas maravillosas que abundan en el universo irán llegando poco a poco a su vida.

La vida es como un juego que tiene sus reglas, tenemos que aprender a reconocerlas, respetarlas y vivir acorde a lo que nos exige.

"Al que habita al abrigo del Altísimo morará bajo la sombra del Omnipotente. Diré yo a Jehová: Esperanza mía, y Castillo mío; Mi Dios, en quien confiaré".

Salmos 91: 1-2 RVR 1960

Aprende disfrutar de cada bello momento que tiene la vida, sin quejarte, superando obstáculos, logrando sueños y siempre agradeciendo a Dios por el precioso regalo que te dio para disfrutar de esta maravillosa aventura llamada vida.

La familia es la cimiente de la sociedad y el regalo más Preciado que el Creador nos ha dado para disfrutarlo y ser felices. Valórala, respétala, disfrútala y sobretodo, se feliz y hazlos felices a ellos.

Sé feliz con lo que eres y tienes, la vida es solo una oportunidad que nos han otorgado para vivir en total plenitud de nuestro ser.

Las limitaciones son mentales, no hay nada ni nadie en el mundo que impida que tus sueños se hagan realidad y seas totalmente feliz. La única persona que te puede limitar, eres tú mismo, conócete y supérate. Recuerda que estamos hechos a imagen y semejanza de un Ser Supremo. Aprende a vivir la vida y ser feliz con lo que él te otorgó, forma parte de tu propósito de vida, no lo olvides.

SÓLO POR HOY SERÉ FELIZ*

Sólo por hoy seré feliz, arrancaré de mi espíritu todo pensamiento triste.

Me sentiré más alegre que nunca, no me lamentaré de nada. Hoy agradeceré a Dios la alegría y la felicidad que me regala.

Trataré de ajustarme a la vida y aceptaré al mundo como es y me adaptare a el. Si algo sucediera que me desagrade, no me mortificaré, ni me lamentaré. Agradeceré que halla sucedido, por que así se puso a prueba mi voluntad de ser feliz.

Hoy seré dueño de mis nervios, de mis pensamientos y de mis impulsos por que para triunfar tengo que tener el dominio de mí mismo.

Trabajaré alegremente, con entusiasmo, con amor haré de mi trabajo una diversión, comprobaré que soy capaz de trabajar con alegría.

No pensaré en los fracasos. Si las personas a quienes tengo aprecio me desprecian, las ofreceré al Señor.

Seré agradable. Si comienzo a criticar a una persona, cambiaré la crítica por elogio. Todas las personas tienen sus defectos y sus virtudes. Olvidaré los defectos y concentraré mi atención en sus virtudes. Hoy evitaré conversaciones y disgustos desagradables.

Hoy eliminaré dos plagas: la prisa y la indecisión.

Hoy viviré con calma y con paciencia por que la prisa es la enemiga de una vida feliz y triunfadora. No permitiré que la prisa me acose, ni que la impaciencia me abrume.

Hoy le haré frente a todos los problemas con decisión y valentía, y no dejaré ninguno para mañana.

No tendré miedo, actuaré valientemente. El futuro me pertenece. Olvidaré todo lo desagradable del pasado. Hoy tendré confianza en Dios, me ayudará y ayudará a los que luchan y trabajan.

No envidiaré a los que tienen más dinero, más belleza o más salud que yo.

Trataré de resolver los problemas de **hoy**, el futuro se resuelve por sí mismo. El destino pertenece a los que luchan.

Hoy tendré un programa que realizar. Si algo se queda sin hacer no me desesperaré, lo haré mañana.

No pensaré en el pasado. No guardaré rencor a nadie. Practicaré la Ley del Perdón.

Asumiré mis responsabilidades, y no culparé de mis problemas a otras personas.

Hoy comprobaré que Dios me ama y me premia.

Haré un bien a alguien. ¿Acaso a quién?, quizás a mí mismo. Buscaré algunas personas para hacerla pero sin que lo descubran.

Seré cortés y generoso. Trataré de pagar al mal con bien.

Y al llegar la noche, comprobaré que Dios me premió con un día de plena felicidad y mañana haré otro día como el de hoy.

* Reflexiones e Historias extraídas del libro
Un Regalo para el Alma de José María Ventura.

Capítulo 2

Sé tú mismo

"Encuéntrate y sé tú mismo; recuerda que no hay nadie como tú".

—Dale Carniege

En mi juventud me encontraba en un mundo de fantasía lleno de malos hábitos. Seguía los ejemplos de los demás llevando una vida limitada, imitando lo que mis amigos hacían. Asistiendo a fiestas, vistiendo de una manera inapropiada y cosas por el estilo. En ocasiones me deprimía y lloraba mucho en mi casa, me preguntaba por qué no tenía mi otro brazo, por qué no tenía manos y por qué había nacido sordo.

Debido a mis defectos físicos pensaba que nunca tendría una novia, porque ninguna chica se fijaría en mí por mi apariencia física. Sentía envidia de la gente que tenía todo su cuerpo completo, estaba muy deprimido, en otras palabras no me aceptaba a mí mismo. Las cosas negativas de mis amigos no me permitían entender el propósito y la misión que Dios tenia para mi es este mundo. Él me diseñó y envió para ser un ejemplo de motivación y superación para toda la humanidad.

Cuando me di cuenta de la existencia de personas que se encontraban en condiciones más difíciles que la mía; sin piernas y manos, ciegas, sordas, etc. Cambió mi perspectiva hacia la vida. Me acepte a mí mismo y empecé a ser agradecido por todo lo tengo en mi vida. Pero sobre todo me di cuenta que tenía que ser yo mismo y no seguir lo que otros hacían. Ser único y original, no ocultar mi verdadero ser con máscaras de hipocresía, temor, inseguridad que me tenían con una autoestima muy baja. Cambie mi manera de pensar y de vivir, aprendí a ser feliz con lo que soy y tengo, y vivir la vida de una manera mejor siendo siempre yo mismo.

Muchas veces las situaciones y las personas que llegan a nuestras vidas nos tratan de opacar y dejarnos en el piso, la gente negativa, las adversidades, los miedos y los fracasos. Te dejan tirado en el piso si tú se los permites.

Para ser uno mismo y aprender a ser feliz, el ser humano tiene que salir de la rutina del libertinaje, siendo siempre original, siguiendo el camino de Dios.

Él nos diseñó con un cuerpo completo y nos bendijo con muchas riquezas invaluables (que no se miden con dinero);

1. La familia.
2. La salud.
3. Los verdaderos amigos.
4. El trabajo (para traer el pan de cada día a nuestras familias).

Todo para que no te falte nada y puedas ser feliz en esta aventura llamada vida.

Eres único en este universo, eres original, eres tú mismo y sobre todo eres hijo de Dios. ¡Nunca te detengas! ¡Lucha por lo quieres hasta lograrlo! No te dejes influir por las personas negativas. Concéntrate en lo bueno, lo puro y lo sano. No sigas los pasos de la gente que anda en malos caminos porque tarde o temprano lo bueno o malo que se haga se paga de la misma manera.

Recuerda que cosecharás lo que siembres.

Ámate a ti mismo y a tu prójimo. Rodéate de buenos amigos, gente positiva y piensa positivamente. Dios nos diseñó perfectos pero muchos no se han dado cuenta de eso. No tenemos que quejarnos, cambia tus hábitos, tu manera de pensar y ver la vida.

Te invito a acercarte al camino de la verdad, el camino de la justicia, de la paz y del amor hacia Dios.

Te has dado cuenta que hay muchas personas que viven sin aceptarse a sí mismos, por lo que viven sus vidas miserables y llenas de negatividad. No permitas que la negatividad ni el ocio te abrumen, cambia todo para bien, acéptate cómo eres, sé tú mismo y prepárate para lograr cosas extraordinarias en tu vida.

Deja de pensar en las cosas que te alejan de ser tu mismo. No dejes que nadie te desanime ni mucho menos permitas que otros te digan cómo debes pensar y actuar. Cambia tu mentalidad y entrega tu vida a Dios; porque Dios quieres que seas original, tú mismo y no una copia de alguien que aparente ser otra persona. En la vida todo tiene una solución, no te enfoques en lo que te hace falta sino en lo que ya tienes.

Proponte de ahora en adelante a alimentar tu mente de cosas positivas y valorarte cada día de tu vida. Escucha a quienes te dicen cosas positivas y te animan a seguir adelante para superarte y convertir tus sueños en realidad.

¡Animo! No dejes que nadie ni nada te detenga, te mereces lo mejor. ¡Ten la fe y la esperanza de que todo es posible! Dios nunca te abandona, él está contigo 24 horas al día los 365 días del año. Él te guía y te lleva de la mano todo el tiempo, nunca te olvides de él, porque él nunca se olvida de ti.

¡Porque si yo puedo hacerlo, tú también puedes hacerlo!

Y como decía el abogado, pensador y político hinduista indio Mahatma Gandhi: "Mucha gente, especialmente la ignorante, desea castigarte por decir la verdad, por ser correcto, por ser tú. Nunca te disculpes por ser correcto, o por estar años delante de tu tiempo. Si estas en lo cierto y lo sabes, que hable tu razón. Incluso si eres una minoría de uno solo, la verdad sigue siendo la verdad".

"Entonces dijo Dios: Hagamos al hombre a nuestra imagen, conforme a nuestra semejanza; y señoree en los peces del mar, en las aves de los cielos, en las bestias, en toda la Tierra, y en todo animal que se arrastra sobre ella. Y creó Dios al hombre a su imagen, a imagen de Dios lo creó; varón y hembra los creó. Y los bendijo Dios, y les dijo: Fructificad y multiplicaos; llenad la tierra, y sojuzgadla, y señoread en los peces del mar, en las aves de los cielos, y en todas las bestias que se mueven sobre la tierra".

–Génesis 1: 26-28 RVR 1960

Aprende a disfrutar de cada momento de la vida con tus seres queridos, dándoles siempre amor y llenando sus corazones de gozo y felicidad.

Piensa en grande, sueña en grande, actúa en grande y vive en grande.

Erick Torres

SIGUE TU CORAZÓN*

En cierta ocasión durante una charla que di ante un grupo de abogados, me hicieron esta pregunta: "¿Qué es lo más importante que ha hecho en su vida?" La respuesta me vino a la mente en el acto, pero no fue la que di, porque las circunstancias no eran las apropiadas. En mi calidad de abogado de la industria del espectáculo, sabia que los asistentes deseaban escuchar anécdotas sobre mi trabajo con las celebridades. Pero he aquí la verdadera, la que surgió de lo más recóndito de mis recuerdos.

Lo más importante que he hecho en la vida tuvo lugar el 8 de octubre de 1990. Mi madre cumplía sesenta y cinco años, y yo había viajado a casa de mis padres en Massachussets, para celebrar con la familia. Comencé el día jugando con un ex-condiscípulo y amigo mío al que no había visto en mucho tiempo. Entre jugada y jugada conversamos acerca de lo que estaba pasando en la vida de cada cual. Me contó que su esposa y él acababan de tener un bebe, y que el pequeño los mantenía en vela todas las noches. Mientras jugábamos, un coche se acercó haciendo rechinar las llantas y tocando el claxón con insistencia. Era el padre de mi amigo, que consternado, le dijo que su bebé había dejado de respirar y lo habían llevado de urgencia al hospital. En un instante mi amigo subió al auto y se marcho, dejando tras de sí una nube de polvo.

Por un momento me quede donde estaba, sin acertar a moverme, pero luego traté de pensar que debía hacer.

¿Seguir a mi amigo al hospital? Mi presencia allí, me dije, no iba a servir de nada, pues la criatura seguramente estaría al cuidado de médicos y enfermeras, y nada de lo que yo hiciera o dijera iba a cambiar las cosas. ¿Brindarle mi apoyo moral? Bueno, quizá. Pero tanto él como su esposa provenían de familias numerosas y sin duda estarían rodeados de parientes que les ofrecerían consuelo y el apoyo necesarios pasara lo que pasara.

Lo único que haría sería estorbar. Además había planeado dedicar todo mi tiempo a mi familia, que estaba aguardando mi regreso. Así que, decidí reunirme con ellos e ir mas tarde a ver a mi amigo.

Al poner en marcha el auto que había rentado, me percaté que mi amigo había dejado su camioneta, con las llaves puestas, estacionada junto a las canchas.

Me vi entonces ante otro dilema: no podía dejar así el vehículo; pero si lo cerraba y me llevaba las llaves, qué iba a hacer con ellas. Podía pasar a su casa a dejarlas, pero como no tenía a la mano ni un papel para escribirle una nota, no podría avisarle lo que había hecho.

Decidí pues ir al hospital y entregarle las llaves. Cuando llegué, me indicaron en que sala estaban mi amigo y su esposa, como supuse, el recinto estaba lleno de familiares que trataban de consolarlos. Entré sin hacer ruido y me quede junto a la puerta, tratando de decidir qué hacer.

No tardó en presentarse un médico, que se acercó a la pareja, y en voz baja les comunicó que su bebé había fallecido, victima del síndrome conocido como muerte en la cuna.

Durante lo que pareció una eternidad, estuvieron abrazados, llorando, mientras todos los demás los rodeamos en medio del silencio y el dolor. Cuando se recuperaron un poco, el médico les preguntó si deseaban estar unos momentos con su hijo. Mi amigo y su esposa se pusieron de pie y caminaron resignadamente hacia la puerta. Al verme allí, en un rincón, la madre se acercó, me abrazó y comenzó a llorar. También mi amigo se refugió en mis brazos. "Gracias por estar aquí" me dijo. Durante el resto de la mañana permanecí sentado en la sala de urgencias del hospital, viendo a mi amigo y a su esposa sostener en brazos a su bebé y despedirse de él. Eso es lo más importante que he hecho en mi vida.

Aquella experiencia me dejó tres enseñanzas:

PRIMERA: Lo más importante que he hecho en la vida ocurrió cuando no había absolutamente nada que yo pudiera hacer. Nada de lo que aprendí en la universidad, ni en los seis años que llevaba ejerciendo mi profesión, me sirvió en tales circunstancias. A dos personas a las que yo estimaba les sobrevino una desgracia, y yo era impotente para remediarla. Lo único que pude hacer fue acompañarlos y esperar el desenlace. Pero estar allí en esos momentos en que alguien me necesitaba era lo principal.

SEGUNDA: Estoy convencido que lo más importante que he hecho en mi vida estuvo a punto de no ocurrir debido a las cosas que aprendí en la universidad y en mi vida profesional. En la escuela de derecho me enseñaron a tomar los datos, analizarlos y organizarlos y después evaluar esa información sin apasionamientos.

Esa habilidad es vital en los abogados. Cuando la gente acude a nosotros en busca de ayuda, suele estar angustiada y necesita que su abogado piense con lógica. Pero, al aprender a pensar, casi me olvide de sentir. Hoy, no tengo duda alguna que debí haber subido al coche sin titubear y seguir a mi amigo al hospital.

TERCERA: Aprendí que la vida puede cambiar en un instante. Intelectualmente, todos sabemos esto, pero creemos que las desdichas les pasan a otros. Así, pues hacemos planes y concebimos nuestro futuro como algo tan real que pareciera que ya ocurrió. Pero, al ubicarnos en el mañana dejamos de advertir todos los presentes que pasan junto a nosotros, y olvidamos que perder el empleo, sufrir una enfermedad grave, toparse con un conductor ebrio y miles de cosas más pueden alterar ese futuro en un abrir y cerrar de ojos. En ocasiones a uno le hace falta vivir una tragedia para volver a poner las cosas en perspectiva. Desde aquel día busqué un equilibrio entre el trabajo y la vida; aprendí que ningún empleo, por gratificante que sea, compensa perderse unas vacaciones, romper con la pareja o pasar un día festivo lejos de la familia.

Y aprendí que lo más importante en la vida no es ganar dinero, ni ascender en la escala social, ni recibir honores.

Lo más importante en la vida es el tiempo que dedicamos a cultivar una amistad, así como el tiempo que le dedicamos a nuestra familia; gente con la que podamos ejercitar el privilegio de servir.

* Reflexiones e Historias extraídas del libro
Un Regalo para el Alma de José María Ventura.

Capítulo 3

Define tus metas

"Lo que consigues al conseguir tus metas no es tan importante como en lo que te conviertes al conseguir tus metas".

—Henry David Thoreau

Ante todas las cosas tenemos que empezar a establecer metas en nuestra vida para tener una guía e impulso para avanzar y eventualmente llegar a la meta.

Con las siguientes preguntas analizaremos en dónde estás y a dónde te diriges en estos momentos, ¿Qué son las metas? ¿Cuántos tipos de metas existen? ¿Cómo logramos una meta? ¿Te has preguntado qué tipo de metas te has propuesto y cuáles estas logrando? ¿Has ayudado a alguien a lograr sus metas? Estas preguntas nos ayudarán a reflexionar y concientizarnos de la importancia que tienen las metas en nuestras vidas.

Las metas son los puntos de llegada que nos proponemos para llegar hacia ellos y eventualmente avanzar a nuevos rumbos con nuevas metas, es decir, las metas son nuestros puntos de llegada para lograr nuestros sueños.

Ahora te compartiré la manera de poder establecerte tus metas y cómo poder alcanzarlas; recuerda que muchas personas tienen muchas metas y sueños, pero no saben cómo alcanzarlas. Definiendo nuestras metas y dándoles prioridad con la acción y fe necesarias podremos marcará la diferencia entre poder o no alcanzarlas.

Escribe tus metas y divídelas en cuatro clases:

a) Corto plazo (1-2 meses)
b) Mediano plazo (2-6 meses)
c) Largo plazo (6-12 meses)
d) Muy largo plazo (1 año -3 años)

1. METAS A CORTO PLAZO.

Para alcanzar este tipo de metas tienes que empezar por auto-disciplinarte, auto-educarte, auto-motivarte y auto-dirigirte. Es de suma importancia que empiezas a trabajar en estas disciplinas diariamente ya que es la única manera de poder lograr estas metas a corto plazo y las que les preceden.

También es necesario que tomes iniciativa propia, acción y te dejes guiar por tu pasión y visión.

2. MEDIANO PLAZO.

Una vez que alcanzamos las metas a corto plazo nos podremos dar cuenta que es muy fácil caminar hacia las meta y alcanzarlas. Por lo que es muy necesario llevar acabo la misma fórmula que se utiliza en las pequeñas metas, solo que hay que agregarle más acción, pasión y ampliar nuestra visión.

Punto clave: No pueden haber distracciones para lograr estas metas, es muy importante el enfoque.

3. LARGO PLAZO.

¿Alguna vez has visto cómo cae el agua sobre una roca? La constancia de la gota de agua sobre la roca la parte. De esta misma manera pasará con nuestras metas a largo plazo, la perseverancia y constancia juegan un rol muy importante aquí. Además de guiarnos por la visión, pasión y enfoque es muy necesario no abandonarlas hasta lograrlas. Porque hay muchas personas que cuando están a punto de lograr sus metas las abandonan y tiran la toalla.

4. MUY LARGO PLAZO.

Para este tipo de metas es fundamental el desarrollo de nuestras habilidades, endurecer el carácter y acatar la responsabilidad para seguir este tipo de metas. Ya que como son metas a largo plazo tenemos que luchar más, perseverar, aumentar nuestro deseo de triunfo y aumentar nuestro nivel de creencia.

En estas metas es muy importante saber lo que uno quiere y desearlo con todo el corazón. Tener fe, esperanza y la certeza, confiando en Dios que las vamos a lograr.

Una vez que entendemos las clases de metas que existen y lo que necesitamos para alcanzarlas, es de suma importancia seguir preparándonos día a día para ser mejores.

En pocas palabras: "Hay que ser para tener y hacer".

Mi Misión en la vida es hacer buen uso de todos los talentos que Dios me ha dado. Mejorar mi relación con Él, con mi familia y mis amigos.

El Dr. Myles Monroe, autor y conferencista, solía decir: "Cuando se cultivan las ideas, se convierten en imaginación. La imaginación, si se le riega con agua y se le desarrolla, se convierte en un plan. Finalmente, si se sigue el plan, se convierte en realidad".

Dios va a dirigir tus pasos una vez que tú haces un plan para moverte hacia lo que tú deseas.

¿Usted tiene un plan? ¿Usted sabe lo que hará la semana siguiente, mes y año, o dentro de cinco años? ¿Usted tiene un plan para los siguientes veinte años de tu vida? Dios te ha dado la habilidad de hacer esto. Él te ha dado una mente muy privilegiada y poderosa con una imaginación maravillosa, la unción del Espíritu Santo, amor, fe y esperanza para emprender y lograr todo lo que deseas en tu vida.

Cuando era niño soñaba y me preguntaba qué me gustaría ser cuando sea grande. Mis metas, mis sueños y mis deseos eran convertirme un gran escritor y conferencista motivacional con muchos triunfos y éxitos. Por lo que empecé a caminar hacia todas estas metas y comencé a lograrlas una por una. Utilicé la misma fórmula que les compartí anteriormente, definí mis sueños y mis metas, y entonces diseñé el plan para lograrlos, las clasifiqué en cuatro:

1. Corto plazo
2. Mediano plazo
3. Largo plazo y
4. Muy largo plazo.

Para empezar a lograr mis metas creé hábitos sanos y positivos como leer libros de motivación y superación personal, escuchar audiolibros, asistir a conferencias de desarrollo personal. Empecé a rodearme de gente positiva, escuchar música positiva y agradable. Por lo que comencé a trabajar con una agenda.

Ten grandes sueños y metas en tu vida, desarrolla el plan adecuado y trabaja de acuerdo a tu plan. Crea hábitos sanos y buenos para lograr todo lo que te prepongas.

El polímita, filósofo, lógico y científico de la Antigua Grecia Aristóteles una vez dijo: "Primer paso, debes tener un definitivo y claro objetivo. Segundo, debes tener los recursos necesarios para alcanzar lo que deseas; Sabiduría, dinero, recursos y métodos. Tercero, enfoca todos tus recursos para el logro de tus metas. ¡Adelante! ¡Lucha por lo que tanto deseas y anhelas en la vida, y no te detengas! ¡Tú Puedes Lograrlo!"

"Hermanos, yo mismo no pretendo haberlo ya alcanzado; pero una cosa hago: olvidando ciertamente lo que queda atrás, y extendiéndome a lo que está delante, prosigo la meta, al premio del supremo llamamiento de Dios en Cristo Jesús. Así que, todos los que somos perfectos, esto mismo sintamos; y si otra cosa sentís, esto también os lo revelará Dios".

Filipenses 3: 13-14-15 RVR 1960

Cada día que el Creador nos da es una bendición para ser mejores de lo fuimos el día de ayer. Disfrutemos cada día al máximo si afanarnos por el mañana, cada día ya tiene su propio mal.

Entendí que no estaba solo y que no era la única persona que estaba librando una batalla como creía. Todos pasamos por ciertas dificultades en la vida y solo algunos las superamos, algunos cuantos se quedan tirados en el piso por la falta de aceptación y deseo de superarse. Entendí que el peor enemigo que tenía y que me limitaba era yo mismo. Por lo que lucho por superarme a mí mismo cada día y hasta el día de hoy es una batalla constante que terminará hasta el día que sea llamado por Dios.

VISUALIZACIÓN EN ACCIÓN*

El famoso actor y comediante Jim Carrey nos da un ejemplo del poder de la visualización creativa.

A diferencia de la fama y fortuna que ahora le rodean, Jim nació en la pobreza. Durante su adolescencia y después de ir a la escuela secundaria laboraba en turnos de ocho horas seguidas realizando tareas de limpieza. Durante un tiempo la situación económica de su familia era tan mala que se quedaron sin casa, y todos se vieron obligados a vivir en una van. Sin embargo, el nunca perdió la fe, y a pesar de las precarias situaciones, siempre creyó que tendría un futuro brillante.

En el libro *"Write it down, Make it happen: Knowing what you want and getting it"* ("Escríbelo, y haz que suceda: Sabiendo lo que quieres y obteniéndolo") La autora Henriette Anne Klausser escribe que cuando Carrey recién comenzaba su carrera en Hollywood, se encontraba completamente en la bancarrota, aun así se escribió un cheque a sí mismo por diez millones de dólares y le puso la fecha del día de Acción de Gracias del año 1995 que eran aproximadamente unos cinco años en el futuro. En la línea del memo escribió: "Por servicios prestados".

Llevó guardado ese cheque en su cartera por años, lo sacaba de su cartera todos los días, lo veía y se visualizaba teniendo ese dinero.

Eventualmente Jim Carrey se convirtió en uno de los artistas mejores pagados de la industria cinematográfica, llegando a ganar hasta 20 millones de dólares por película.

En ocasiones, nuestros sueños y metas parecieran ser inalcanzables; nuestra situación económica, de salud e inclusive migratoria para todos aquellos que vivimos en un país que no es el nuestro, de alguna manera nos "convencen" de que nunca lograremos avanzar. Sin embargo es necesario nunca perder la fe y el optimismo, y al mismo tiempo es necesario formar una visión clara y precisa de lo que queremos obtener, para entonces preparar el camino a seguir para alcanzar estas metas. Constantemente visualiza o imagina, el lugar en el cual quieres vivir, la persona con la que te quieres casar, el trabajo ideal, el negocio perfecto. Y entonces trabaja arduamente por ese sueño.

* Reflexiones e Historias extraídas del libro
Un Regalo para el Alma de José María Ventura.

Capítulo 4

Desarrolla tus habilidades

"Sáquele provecho a lo que usted sabe, ahí está la Riqueza".

—Warrent Buffet

Muchas veces las personas deseamos alcanzar grandes cosas en la vida pero no lo logramos, eso suele suceder porque no solo basta con tener metas y sueños, hay que desarrollar nuestras habilidades y talentos que Dios no dio, para entonces poder lograrlas. El escritor estadounidense Dean Koontz solía decir "Realmente creo que todo el mundo tiene un talento, habilidad o destreza que se puede extraer para ganarse la vida y tener éxito."

Comencemos por entender que todas las habilidades y capacidades son desarrolladas mediante la práctica en cada una de las experiencias que vivimos día a día. Te daré un ejemplo: desde niño antes de ir a la escuela comencé a desarrollar mis habilidades y mis talentos. ¿Cómo lo hice? y ¿por qué? Lo hice para poder lograr lo que tanto deseaba en mi vida, mis sueños y mis metas. Y lo logre a través de terapias constantes para mover mi dedo, mis pies y mi boca, *speech therapy*. Al principio fue muy difícil lograr desarrollarlas, debido a mis discapacidades, sin embargo poco a poco con la práctica, constancia y perseverancia, lo logré.

Nada es imposible si nos los proponemos.

He venido superando muchos obstáculos que para muchas personas son difíciles de vencer, pero sin embargo para mí no lo son. ¿Sabes por qué? Porque tengo confianza en Dios y en mí mismo de que siempre lo lograré. Nunca me he rendido y jamás lo haré, ya que entiendo mi propósito en este mundo, que es el de ayudar a muchas personas como tú a lograr sus metas y encontrar su propósito de vida. Las limitaciones físicas en mi cuerpo no son un impedimento para lograr lo que quiero y anhelo en la vida, por lo contrario son mis razones y mis porqués para demostrarme a mí mismo y a la gente que si se puede.

Gracias a mis deseos de superarme y de llegar a ser alguien en la vida, he logrado superar todos estos obstáculos y adversidades. Mis habilidades y capacidades han incrementado por lo que me han dado más seguridad y sed de triunfo.

Al pasar por un sin fin de operaciones de columna vertebral estuve en una situación que me angustió y mortificó por mucho tiempo, ya que no podía levantarme de la cama ni ponerme de pie y estuve a punto de morir en una de las operaciones, debido a complicaciones para respirar, por lo que pensé que iba a morir. Veía cosa blancas, caminaba hacia un túnel con luz que muchas personas suelen presenciar cuando están es estados de coma o inconscientes. Estuve en coma por varios días, luché hasta el último instante por lo que le doy gracias a DIOS por permitirme quedarme aquí, en esta vida, y poder cumplir con mi propósito.

Hoy en día soy una persona con una fe inquebrantable hacia Dios. Me siento muy sano, lleno de mucha energía y vivo feliz. Estoy muy agradecido y consciente de esta nueva oportunidad que el Creador me ha otorgado; estoy sumamente bendecido, me siento como si hubiese vuelto a nacer una vez más. Le doy gracias a Dios por todo, por permitirme salir de todas esas situaciones y por permitirme desarrollar mis habilidades y capacidades.

Hoy en día hay muchas personas que tienen todas sus extremidades y están físicamente completos, éstas se quejan mucho, se frustran, se deprimen, se estresan, y viven una vida pobre, mediocre, pensando de manera negativa, porque así lo han decidido. Si eres alguna de esas personas, te comparto lo siguiente, pon mucha atención:

No hay excusas, no existen las limitaciones,
todo se puede lograr si te lo propones.
Las limitaciones son mentales.
¡Si yo puedo hacerlo, tú también puedes hacerlo!
Crea buenos hábitos en tu vida, auto-motívate,
ten metas, se agradecido, desarrolla tus habilidades y
capacidades para lograr todo lo que te propongas

Ese es el propósito de esta obra, que aprendas a valorarte, respetarte, aceptarte y sobre a ser tú mismo con todas las bendiciones que Dios te ha dado. Para que puedas llegar a ser feliz y hagas felices a los que te rodean.

El clérigo y escritor británico Thomas Fuller decía "Es la habilidad, no la fuerza, la que gobierna un barco".

El actor estadounidense Will Smith una vez dijo "La diferencia entre talento y habilidad es uno de los conceptos peor entendidos, para las personas que están tratando de sobresalir, que tienen sueños, que quieren hacer cosas... El talento lo tienes naturalmente. La habilidad solo se desarrolla a través de horas y horas de dedicarte a tu actividad".

La vida es una, hay que disfrutarla, no lo olvides.

"Todo sabio de corazón de entre vosotros vendrá y hará todas las cosas que Jehová ha mandado".

Éxodo 35: 10 RVR 1960

Creer y confiar en uno mismo son los dos ingredientes principales para lograr el éxito en la vida. Todo es posible para el que cree con mucha fe y está dispuesto a pagar el precio por lograr sus sueños realidad y a poner la acción necesaria para lograrlo.

LAS HERRAMIENTAS DEL CARPINTERO*

Cuentan que en una carpintería hubo una extraña asamblea, fue una reunión donde esas herramientas discutieron sus diferencias. El martillo ejercía la presidencia, pero el resto le exigía su renuncia. La razón residía en que éste hacía demasiado ruido y además se pasaba todo el tiempo golpeando.

El martillo aceptó su culpa, pero pidió que también fuese expulsado el destornillador, alegando que daba muchas vueltas para conseguir algo. El destornillador acepta los argumentos, pero a su vez pide la expulsión de la lija. Dijo que era muy áspera en el trato con los demás.

La lija acató con la condición de que se expulsara también al metro, el cual el cual siempre medía al otro según su medida, como si fuese el único perfecto.

En ese momento entró el carpintero, juntó a todos e inició su trabajo. Utilizó el martillo, la lija, el metro y el destornillador. La rústica madera se convirtió en hermosos muebles.

Cuando el carpintero se fue, las herramientas retomaron la discusión, pero el serrucho se adelantó a decir:

"Señores, quedó demostrado que tenemos defectos, pero el carpintero trabaja con nuestras cualidades, resaltando nuestros puntos valiosos. Por eso en lugar de fijarnos en nuestras flaquezas, debemos concentrarnos en nuestros puntos fuertes".

Entonces la asamblea entendió que el martillo era fuerte, el destornillador unía y daba fuerzas, la lija era especial para limar las asperezas, y el metro era preciso y exacto. Se sintieron como un equipo, capaz de producir cosas de calidad; y una gran alegría los embargó al darse cuenta de la suerte que tenían de poder trabajar juntos.

Lo mismo ocurre con los seres humanos. Cuando una persona busca defectos en otra, la situación se torna tensa y confusa. Al contrario, cuando se busca con sinceridad los puntos fuertes de otro, florecen las mejores conquistas humanas. Es fácil encontrar defectos, cualquiera puede hacerlo, pero encontrar cualidades, esto es para sabios.

* Reflexiones e Historias extraídas del libro
Un Regalo para el Alma de José María Ventura.

Capítulo 5

No hay obstáculos ¡Sí se Puede!

"Nuestros complejos son la Fuente de nuestra debilidad; pero con frecuencia, son también la fuente de nuestra fuerza".

—Sigmund Freud

El político y estadista británico Winston Leonard Spencer Churchill una vez dijo "Un hombre hace lo que debe –a pesar de las consecuencias personales, a pesar de los obstáculos y peligros y presiones –y esa es la base de toda la moralidad humana".

A través de todos estos años he aprendido que cuando las cosas se ponen difíciles en el camino hacia nuestros sueños tenemos que persistir hasta lograrlos. Ya que cuando estamos cerca de lograr nuestros sueños, muchas de las veces las cosas se comienzan a poner muy difíciles y abandonamos. Esa es una actitud de perdedor y fracasado, no debemos de rendirnos, tenemos que actuar con una Actitud Mental Positiva y mantenernos siempre firmes con la frente en alto hasta lograr nuestros sueños.

Me gustaría hacerte una pregunta ¿alguna vez has pensado en rendirte en el camino hacia tus logros? Si tu respuesta es sí, déjame decirte que en la vida tendrás muchos obstáculos ya que forman parte de la vida y sin obstáculos, ni adversidades, ni fracasos, existe el éxito. En mi vida he tenido muchos de ellos algunos como bañarme y aprender a comer por mí mismo. Tuve muchas caídas y fracasé muchas veces, antes de desarrollar cada una de mis habilidades para lograrlo por mi propia cuenta. Aprendí que eran temporales, que eran lecciones y me ayudarían a ser más fuerte y consciente del sentido que tiene la vida.

Me dieron más coraje para luchar y superarme, por lo que aprendí a no rendirme y siempre seguir luchando incesantemente hasta lograr lo que me propusiera en la vida. Además aprendí que los obstáculos son nuevas experiencias que traen consigo una gran oportunidad para seguir creciendo. Para mí todo es posible, nada es imposible.

El Dr. Napoleon Hill, autor de libros de motivación y superación personal, en su obra "Piense y hágase Rico" declara que "Dentro de cada adversidad hay una semilla mayor o equivalente de éxito".

Hoy en día escucho personas que dicen, "no se puede es difícil", "no lo lograré", "no nací para esto", etc. Ellos, sin darse cuenta, son capaces de superar sus obstáculos con más facilidad. Para ti es fácil tomar agua con un vaso, para mí no lo es porque tengo un solo dedo. Esto podría ser un obstáculo, pero yo no lo veo de esa manera, lo veo como todo, con una Actitud Mental Positiva. Usted fue creado a la imagen y semejanza de un Ser Supremo, y enviado a esta tierra para cumplir un propósito y misión de vida. Dios le dio a usted un cuerpo completo y más ventajas de hacer cosas maravillosas con sus manos y todo su cuerpo.

Cabe decir que el obstáculo más grande del ser humano está en su mente, porque es su misma mente que lo ve todo como algo difícil. El miedo es un obstáculo en la vida ya que proviene de los pensamientos negativos. Para triunfar en la vida el ser humano tiene que aprender a confiar en sí mismo. Las críticas que rodean al ser humano son también obstáculos que lo detienen y obstruyen el camino para conquistar sus sueños.

En lo personal, superé cada uno de mis obstáculos, adversidades, fracasos y miedos pensando siempre positivamente; desarrollando confianza y seguridad en mí mismo, observando en cada situación algo bueno para aprender como una gran lección, de la cual tengo que aprender algo nuevo que me hace falta saber.

¿Qué es lo que te detiene ahora? ¿Cuáles son esos obstáculos que impiden iniciar tus sueños? ¿Qué tan grandes son? ¿Y qué tan dispuesto estas para superarlos? Sin importar que tan grandes sean si tienes un porqué aún más grande y definido para conquistar tus sueños, estas barreras serán pequeñas. Tu valentía y tu deseo de crecer, deben ser más fuertes que todo lo que te detiene.

Recuerda la batalla de David y Goliat.

David era un joven muy pequeño y Goliat un hombre grande y fuerte. Esto no fue un obstáculo para David. Porque el coraje y la fe de David eran más grande que todo. Sin duda alguna ganó la batalla.

Si hoy estás experimentando situaciones difíciles en tu vida, yo te invito a luchar y entrar en acción. Asegúrate de enfrentar tus miedos y comenzar a tener más confianza en ti mismo. Todos tenemos obstáculos y también la capacidad de vencerlos. ¡Tú puedes! No te desanimes, hasta los más grades líderes han fracasado. ¡Tú puedes triunfar! Aprende a mirar más allá de lo que los demás no ven y vive plenamente superando cada obstáculo en tu vida.

Los obstáculos son mentales, tú puedes superar y vencer todos las situaciones y circunstancias que la vida te depare, si tienes el suficiente coraje y valentía para afrontarlos.

¡Si se puede!

El productor, director, guionista y animador estadounidense Walt Disney una vez dijo "Toda la adversidad que he tenido en mi vida, todos mis problemas y obstáculos, me han fortalecido. Puede que no te des cuenta cuando sucede, pero una patada en los dientes puede ser la mejor cosa del mundo para ti."

"Jehová es mi Fortaleza y mi escudo; En él confío mi corazón, y fui ayudado, Por lo que se gozó mi corazón, Y con mi cántico le alabaré".

Salmos 28: 7 RVR 1960

Siempre he tenido la fe en Dios de que todo lo que me proponga lo lograré si pongo todo de mi parte para que sea posible. Hago siempre mi parte natural y dejo en manos de él lo sobrenatural.

NUNCA TE DETENGAS*

Siempre ten presente que la piel se arruga, el pelo se
vuelve blanco, los días se convierten en años...

Pero lo importante no cambia,
tu fuerza y tu convicción no tienen edad.

Tu espíritu es el plumero de cualquier telaraña.
Detrás de cada línea de llegada, hay una de partida.
Detrás de cada logro, hay otro desafío.

Mientras estés viva, siéntete viva.
Si extrañas lo que hacías, vuelve a hacerlo.
No vivas de fotos amarillas.

Sigue aunque todos esperen que abandones.

No dejes que se oxide el hierro que hay en ti.
Haz que en vez de lástima, te tengan respeto.

Cuando por los años no puedas correr, trota.
Cuando no puedas trotar, camina.
Cuando no puedas caminar, usa el bastón…

¡Pero nunca te detengas!

Madre Teresa de Calcuta

LOS OBSTÁCULOS EN NUESTRO CAMINO*

Hace mucho tiempo, un rey colocó una gran roca obstaculizando un camino. Entonces se escondió y miró para ver si alguien quitaba la tremenda roca. Algunos de los comerciantes y cortesanos más ricos del reino vinieron y al ver la roca simplemente le dieron una vuelta. Muchos culparon al rey ruidosamente de no mantener los caminos despejados, pero ninguno hizo algo para sacar la piedra grande del camino.

Entonces un campesino vino, y llevaba una carga de verduras. Al aproximarse a la roca, el campesino puso su carga en el piso y trato de mover la roca a un lado del camino. Después de empujar y fatigarse mucho, lo logró. Mientras recogía su carga de vegetales notó una bolsa de lona en el piso, justo donde había estado la roca.

La bolsa contenía muchas monedas de oro y una nota del mismo rey indicando que el oro sería para la persona que removiera la piedra del camino. El campesino aprendió lo que los otros nunca entendieron:

"Cada obstáculo que encontramos en la vida siempre presentará una oportunidad para mejorar la condición de uno mismo".

* Reflexiones e Historias extraídas del libro *Un Regalo para el Alma* de José María Ventura.

Capítulo 6

Creer en Dios: el amor propio, la fe y esperanza

"Quién cree en Dios, le reza. Quién lo sabe, trabaja"

—Arthur Schnitzler

Creer en Dios, tener fe, esperanza y amor hacia uno mismo y a nuestro prójimo son cosas que he aprendido además de venir aplicándolas en mi vida. En las conferencias y seminarios le comparto a la gente que lo más hermoso que podemos hacer en la vida es ayudar y servir a nuestro prójimo sin esperar nada a cambio. Haciendo siempre lo mejor de nosotros y dando siempre esa milla extra para lograr nuestros sueños.

Me gustaría compartir la importancia de creer en un Ser Supremo, como tú lo concibas: "En Dios". Me acuerdo que mis padres me decían que Dios siempre me cuidaba y por esta razón me llevaban a la iglesia de pequeño. Yo no comprendía quién era Dios, pero por consejos de mis padres comencé a creer en Él. Ahora creo profundamente que Él existe ya que soy un testigo fiel de su grandeza y poder, como lo mencioné en los primeros capítulos de esta obra. Él es mi mejor amigo y ha hecho cosas maravillosas en mi vida por lo que vivo siempre agradecido con él y en deuda también. En algún momento de nuestras vidas nos daremos cuenta que nunca hemos estados solos y que siempre hay un gran amigo fiel que nos cuida y ayuda con mucho amor.

Y como lo expresa un precepto bíblico:

"Porque que tuve hambre, y me diste de comer; tuve sed, y me diste de beber; fui forastero, y me recogiste; estuve desnudo, y me cubristeis; enfermo y me visitasteis; en la cárcel, y vinisteis a mí."

Mateo 25:35-36 RVR 1960

He vivido grandes experiencias que han forjado mi vida de manera muy positiva, siempre con la presencia de un Ser Supremo. A continuación les compartiré una de ellas.

Cuando tenía diez años tuve una operación del paladar en la boca. Casi muero cuando el doctor me introdujo una manguera de anestesia, se dificultó el proceso y me quedé sin aire. En esos instantes perdí el conocimiento y quedé en estado de coma por unos días. Observaba una luz blanca en esos momentos de ese estado delicado. Los doctores tuvieron que usar el desfibrilador para recuperarme. Después de unos instantes, recuperé el conocimiento, en ese momento volví a nacer. Reconocí que Dios es muy piadoso y grande; Él me dio una segunda oportunidad para seguir con mi propósito de vida. Desde ese momento desarrollé aún más mi creencia hacia Dios. Él existe y siempre nos da nuevas oportunidades para volver a comenzar de nuevo.

Es por eso y muchas otras cosas más que creo firmemente en ese maravilloso Ser Supremo, que tiene el control de nuestras vidas y sabe lo que necesitamos antes de que se lo pidamos. Después de creer en Dios tienes que tener fe. Fe es correr, es volar; es saber que puedes crear cosas maravillosas en tu vida, la imaginación forma parte de tu fe; es visualizar una foto de la vida que deseas tener. Esa imagen que aún no es real pero ya es algo que existe en tu mente.

Si eres capaz de creer; eres capaz de crear. Con fe todo es posible. Si tú tienes fe que puedes lograr tus metas; te aseguro que lo lograrás.

El primer paso a la excelencia es tener fe de que ya eres excelente.

No pierdas la esperanza, no desistas, todo en la vida tiene solución. No pienses en problemas, mejor piensa en la solución y no pierdas la esperanza. En mi vida siempre tengo la esperanza que mis sueños y metas se cumplirán.

Creer, tener fe y esperanza son tres claves que te ayudarán a lograr todo lo que te propongas en tu vida además de acción para llevar a la realidad lo que deseas y anhelas en tu vida, sin olvidarte del amor propio.

He aprendido amar a Dios sobre todas las cosas y a mí mismo, y a mi prójimo. Esto me ayuda a ver solo cosas positivas en mis semejantes. El amor viene de Dios porque Él es amor. ¿Te acuerdas cuando eras bebé? ¡Eras sonriente y alegre! Significa que eras solo amor.

La gente te abrazaba, te amaba y les agradaba estar contigo. Tenías un espíritu de amor. El amor es como una energía positiva que se encuentra en tu interior y como un fuego en tu corazón ya que viene de Dios.

Recuerda que el amor es algo grandioso que lo abarca todo. Tenemos que amarnos a nosotros mismos y a nuestro prójimo. Dios nos ama mucho, Él nos quiere mucho y siempre nos amará de por vida. Siente el amor en ti mismo. ¿Alguna vez no te has sentido amado? Tal vez porque no has amado a tu prójimo. Este es el mejor momento para hacerlo, comienza hoy y aprende a vivir una vida llena de mucho amor, fe, esperanza y llena de paz.

No olvidemos que Dios tiene el control de nuestras vidas, que la fe es algo que te ayudará a lograr todo lo que tu mente conciba y crea. También que es necesario no perder la esperanza de que algo mejor está por venir. Recuerda que el amor es la clave para la felicidad y que dar amor a tus semejantes es una llave la cuál te ayudará a ver resultados excelentes en tu vida.

¡Ánimo! Dios te ha bendecido con cosas maravillosas.

¡Cree en Dios! Ten fe y esperanza; ámate a ti mismo y a tu prójimo.

Has siempre lo mejor que puedas en todo lo que hagas y ayuda a las personas que Dios ponga en tus camino. Son tus bendiciones y a la vez tú la de ellos.

El actor y escritor británico Charles (Charlie) Spencer Chaplin una vez dijo: "A medida que aprendí a tener amor propio. Comprendí que siempre, sin importar las circunstancia, estoy en el lugar y momento correcto; así que solo debo relajarme. Hoy sé que de lo que se trata eso es de… autoconfianza. Cuando me amé de verdad, Me liberé de todo lo que no me hacia bien: personas, Cosas, situaciones y todo lo que me empujaba hacia abajo, y me alejaba de mí mismo. Al principio lo llamé egoísmo sano, pero hoy sé que eso es AMOR PROPIO".

Jesús dijo:

"Amarás al Señor tu Dios con todo tu corazón, y con toda tu alma, y con toda tu mente. Este es el primero y grande mandamiento. Y el Segundo es semejante: Amarás a tu prójimo como a ti mismo. De estos dos mandamientos depende toda la ley y los profetas".

Mateo 24: 37-38-39-40 RVR 1960

Cada día es una nueva oportunidad para comenzar de nuevo. La vida consiste en disfrutar lo que el Creador nos ha dado para ser felices y amar a nuestro prójimo como a nosotros mismos.

Los bellos momentos enriquecen nuestras vidas, vive y se feliz con la gente que te rodea. Considerando siempre que hoy estamos aquí y mañana solo Dios sabe.

LO DEMÁS, LO HARÁ DIOS*

"La fe la da Dios"

Tú no obligas a una flor a que se abra,
la flor la abre Dios; tú la plantas, la riegas,
la resguardas, lo demás lo hace Dios.

Tú no obligas a un amigo a que te ame,
el amor lo da Dios; tú le sirves, le ayudas,
en ti la amistad arde, lo demás lo hace Dios.

Tú no obligas a un alma a que crea, la fe la da Dios;
tú obras, trabajas, confías y esperas,
lo demás lo hace Dios.

Así que no trates de adelantarte a su plan de amor,
trabaja, ayuda, vive para amarlo, lo demás lo hará Dios.

"Confía en Él, que Él lo hará".

LA VIDA*

La vida es una oportunidad, *aprovéchala.*
La vida es belleza, *admírala.*
La vida es agradable, *saboréala.*
La vida es un sueño, *hazlo realidad.*
La vida es un reto, *afróntalo.*
La vida es un deber, *cúmplelo.*
La vida es un juego, *participa en él.*
La vida es preciosa, *cuídala.*
La vida es riqueza, *consérvala.*
La vida es amor, *gózala.*
La vida es un misterio, *revélalo.*
La vida es una promesa, *cúmplela.*
La vida es tristeza, *supérala.*
La vida es un himno, *cántalo.*
La vida es un combate, *acéptalo.*
La vida es una tragedia, *domínala.*
La vida es una aventura, *arrástrala.*
La vida es felicidad, *merécela.*

La vida es un regalo de Dios, *recíbela* con júbilo y amor
en tu corazón, *atesórala* como lo más valioso que hay en
este mundo y *vívela* plenamente junto a aquellos
que amas y te rodean. Pero sobre todo, *enséñales* también el significado de *vivir.*

* Reflexiones e Historias extraídas del libro
Un Regalo para el Alma de José María Ventura.

Capítulo 7

Sueña en grande

"Piensa, cree, sueña y atrévete".

—Walt Disney

Hemos llegado a la parte pinácula de esta obra ahora me dispongo a compartir el poder de soñar en grande. En la vida tenemos que pensar siempre en grande, desde mi niñez he tenido grandes sueños de hacer algo maravilloso en esta faz de la tierra y poco a poco lo estoy logrando. Si tienes un sueño y es muy grande; ¡genial! Lucha por él, prepárate, visualízalo, entra en acción y no te detengas por nada ni nadie.

¿Tal vez sueñas en viajar por el mundo? Esto es un sueño grande, pero no imposible. Déjate llevar por tu imaginación, sueña en grande y piensa en cosas grandes. No dejes que la gente robe tu sueño, protégelo y asegúrate de estar luchando constantemente por alcanzarlo.

Hoy en día existe gente que vive como un pescado en un refrigerador. ¿Has observado a los pescados en un supermercado? Tienen los ojos abiertos pero están muertos; no ven, no tienen visión. Ten un sueño grande, una gran visión y ve más allá de lo que los demás no ven. No vivas como un pescado en un refrigerador.

Sueña en grande, piensa en grande y actúa en grande.

Usted es el dueño de sus pensamientos y nadie más que usted puede detenerlo a pensar en algo maravilloso. El escritor, poeta, ensayista, filósofo, pensador y teólogo británico James Allen una vez dijo "El ser humano es el señor y amo de sus pensamientos, forjador de su carácter, creador y modelador de sus condiciones y de su entorno, y arquitecto de su propio destino".

Will Smith menciona la importancia de pensar irrealísticamente. Significa que debemos pensar en cosas que parecen imposibles, en otras palabras, deberíamos creer en cosas muy, pero muy grandes. Engánchate a una estrella, al sol, a las nubes y a todo aquello que sea muy alto.

Rodéate con personas del mismo sueño que tú y que estén de acuerdo con tus valores. Sigue los pasos de los ganadores, sin desviarte ni distraerte. Enfócate en el camino del bien. No busques ser bueno, tienes que ser excelente. Nunca dudes de tu capacidad, porque Dios te ha dado todo; un cuerpo completo; cabeza, manos, cuerpo, brazos y piernas, etc.

No necesitas esto para pensar en grande ni mucho menos para hacer cosas grandiosas. Lo que necesitas son pensamientos positivos y una imaginación enorme, pero muy enorme. Te invito a tomar acción, ten mucha perseverancia y nunca te des por vencido. El futuro está en tus manos y en tu mente la decisión de soñar en grande.

A continuación te compartiré una experiencia que viví el año pasado que trató de desviarme de lograr mis sueños ya que en este camino para alcanzar el éxito aparecen muchos obstáculos que tratan de desviarnos y robarnos nuestros sueños.

Esto fue lo que sucedió:

Un martes 10 de marzo del 2015, por la mañana de camino a Queens, New York. Iba manejando acompañado de mis dos colegas Ramiro Castillo y Alejandro C. Aguirre para el estudio de grabación para grabar el audiolibro de este libro que fue el primer material que presenté y puse al alcance de mi querido público.

Por las mañanas para cruzar de New Jersey a New York siempre hay mucho tráfico que obstruye los caminos. Entonces entrando al *Lincoln Tunnel* mi automóvil comenzó a sacar mucho humo de la parte de enfrente en el radiador, entonces me detuve en el medio del tráfico y dentro del túnel ya que me causó una gran impresión, me puso en jaque ya que los nervios me empezaron a invadir y a tratar de descontrolarme, entonces mis colegas tomaron acción inmediata saliendo a revisar al automóvil y llamando a la seguridad del túnel que nos estaban observando por las cámaras que tienen dentro del túnel. Fueron momentos difíciles pero en esos momentos sabía que tenía que confiar en Dios y tener fe él y no soltar mi sueño por esa mala experiencia que trató de desviarme del camino para lograrlo.

Fueron minutos de angustia y llenos de peligro que vivimos dentro del túnel mis colegas y yo, pero juntos con paciencia y perseverancia trabajamos en equipo y gracias a Dios llegó la grúa de los encargados de la seguridad del Lincoln Tunnel y todos salimos ilesos. Ellos nos ayudaron y pudimos sacar el carro del túnel. Inmediatamente ellos revisaron el automóvil y nos mandaron a un taller mecánico para revisarlo. Lo llevamos con un mecánico y lo dejamos ahí por un par de días.

Después de eso seguimos con nuestro camino y eventualmente logramos llegar a Queens y pude grabar mi audio libro que espero tengas el gusto de escucharlo ya que es la base de esta obra maravillosa.

La vida nos trae adversidades, fracasos y momentos difíciles que nos hacen olvidarnos de quiénes somos y de nuestros sueños. Así como me ocurrió a mí, nunca dude de Dios ni de mí mismo. Te invito a sonar en grande y a luchar por tus sueños hasta lograrlos. No los abandones por nada ni nadie, son tus tesoros y tu mayor riqueza.

A continuación te compartiré Las Reglas de Éxito del empresario y magnate del sector informático y de la industria del entretenimiento estadounidense Steve Jobs:

REGLAS DEL ÉXITO

1. Se tú mismo y haz lo que te gusta.
2. Se diferente, piensa diferente.
3. Esfuérzate al máximo.
4. Haz un análisis de los pros y contras.
5. Se emprendedor.
6. Piensa en tus pasos futuros.
7. Aspira a ser líder.
8. Visualiza el resultado.
9. Pide opinión.
10. Innova y crea, no copies.
11. Aprende del fracaso.
12. Aprende continuamente.

Recuerda acéptate tal y como eres, ya que eres único y especial. Dios te creó perfecto.

Se tú mismo no una copia, eres el dueño de tu vida. Desarrolla tus habilidades, estás llamado a la excelencia.

¡No hay obstáculos, si se puede! Deja a un lado las excusas y pon manos a la obra.

¡Cree en Dios! Ten fe, esperanza y amor en ti mismo y a tu prójimo. Lucha por tus sueños, no te rindas. Dios está contigo ahora y siempre.

Que Dios los bendiga, y nos vemos en la cima.

¡Éxitos!

"Dijo además David a Salomón su hijo: Anímate y esfuérzate, y manos a la obra; No temas, ni desmayes, Porque Jehová Dios, Mi Dios, estará contigo; Él no te dejará ni te desamparará, Hasta que acabes toda la obra para el servicio de la casa de Jehová".

1 Crónicas 28:20 RVR 1960

CONQUISTA TUS SUEÑOS*

Cayeron unas gotas de lluvia en lo alto de una montaña. El río quedaba cuesta abajo. Las gotas deseaban llegar a él pero no había ningún camino. Iniciaron su recorrido y a lo largo de este, encontraron los caminos hasta llegar al río. Tus sueños, no son diferentes a una gota de lluvia en la montaña. Pues la lluvia siempre encuentra caminos en la montaña para llegar a tierra.

En el pasado existían "semáforos humanos". Ahora conocemos los automáticos, pero antes eran más rudimentarios. En un tubo se hallaban en lo alto tres señalamientos: alto, cambio y siga. Había una persona que manualmente los cambiaba. ¿Y de dónde surgieron los semáforos? Por la invención de el automóvil, pues se hizo necesario encontrar una forma más eficiente de controlar el tráfico.

En la actualidad podemos ver calles asfaltadas, coches circulando, semáforos automáticos y comercios distribuidos a lo largo de las calles. Pero todo lo originó la creación del auto y este desencadenó la creatividad. El auto originó el problema de cómo circular cómodamente y se crearon las calles. El aumento de circulación originó la pregunta ¿cómo controlo el tráfico? Y surgieron los semáforos manuales. ¿Cómo puedo tomar ventaja de las calles y gente moviéndose en sus coches? Y los comerciantes entraron en acción y el ciclo de mejora es de nunca acabar.

Todo comenzó con una idea y esa idea en acción, generó desafíos no contemplados por sus creadores. Y la respuesta creativa a estos retos, originó obras que beneficiaron a todos.

Hay personas que cuando sueñan, se detienen al concentrarse en las imposibilidades de sus sueños y nunca inician. El empresario John Johnson recomienda a los jóvenes soñar con cosas pequeñas, ya que cuando estas se realizan, dan confianza para el siguiente paso. También menciona que los negocios pequeños a la larga se convierten en grandes. Por eso, todo lo que necesitas, es comenzar de alguna forma.

Así, como la gota de lluvia encontró su camino y el auto abrió brecha para más ideas, hallarás la manera de alcanzar tus sueños. Los desafíos que encuentres son oportunidades disfrazadas que te permitirán lograr mayores éxitos. Así que... ¡Adelante! Todo lo que necesitas es comenzar.

TU FUTURO TE PERTENECE*

*"Di **no** a la esclavitud y un **si** a la libertad de hacer
lo que te dicte tu corazón"*

 Puedes poner tu futuro bajo tu control. Pero para poder llegar a ese futuro, primero debes tener claro a dónde quieres llegar, es decir, lo que sería tu vida perfecta. Imagina por un instante que tienes **todo** lo que siempre haz deseado en tu vida: ¿Qué ropa vestirías? ¿Dónde vivirías? ¿Qué clase de personas serían tus amistades? Si trabajaras, ¿Qué trabajo sería? O, si no trabajaras ¿Qué te imaginas haciendo? ¿ Qué tipo de automóvil, qué tipo de casa tendrías? Imagina todo.

Es preferible que tomes notas. Después, imagina que ya lo tienes ¿para qué? Cuando te imagines que has logrado cada uno de tus sueños, identificarás un sentimiento interior, de felicidad... o por el contrario, no sentirás nada. Cuando te sientes feliz, significa que esa meta es verdadera que sale de lo más profundo de tu corazón, y cuando sigues los dictados de tu corazón, es cuando **realmente** eres feliz, pero... Si lograr una meta **no** te hace sentir mejor... Significa que no es una meta con un corazón verdadero. Significa que ese sueño, lo tienes para complacer a otros: padres, familia, pareja, etc. no a ti.

La vida es tan corta, que debes enfocarte en lograr los sueños que realmente te importan a ti. No a otros.

Cuando descubras que imaginarte que logras un sueño, no te hace sentir mejor, **elimina** esa meta. No te va a hacer feliz lograrla. Enfócate en lo que te mantiene encendido de vida. Tus sueños, no los pienses en términos de dinero, piénsalos en términos de cosas reales. Hay una razón importante para ello, que puede cambiar para siempre el enfoque con el que ves la vida.

Hace años, un hombre de negocios contrató a un coach profesional. Entonces el coach le preguntó: "John, que es lo que quieres lograr en la vida?" "Ser rico" respondió,  "Quiero tener un millón de dólares". "A sí, ¿Y que piensas hacer con ese millón de dólares?". John, después de unos segundos, respondió alegremente: "¡Pescaría todo el día!". El coach le respondió: "John, tu no necesitas un millón de dólares para pescar". Este hombre de negocios hizo simplemente algunos ajustes financieros en su vida, y después se trasladó a Maui, Hawai. Actualmente pesca todo el día en las playas de la paradisíaca isla.

En Estados Unidos en invierno, las temperaturas son extremas. Cierto día se halló muerto a un pobre hombre dentro de su departamento. Estaba congelado. La policía investigó primero, para saber si no había sido asesinado. Interrogando a los vecinos, estos le decían que era un hombre muy pobre, que siempre compraba lo más barato para comer y que no usaba la calefacción para ahorrarse dinero.

La policía, investigando, descubrió algo en el interior de su departamento que los dejó en shock. Observaron que la cama en la que dormía este hombre, estaba muy "rellena". Abrieron los colchones, dentro de ellos, había certificados y dinero por valor de cientos de miles de dólares.

Ambas son historias reales. Por eso, la importancia de que definas que és ser rico para ti. Es importante liberarte de los compromisos de tiempo que los demás te han endosado, creyendo que son tu obligación, pero que si observas con claridad, no son tu responsabilidad.

¿Cuidas a niños que no son tuyos apartándote de tus metas, porque alguien cree que es tu obligación? Deshazte del compromiso. Sé que puedes experimentar temor ante la reacción de los demás. Te van a hacer sentir mal: mal padre o madre, mal hijo, mal amiga, etc.

Una novia que tuve hace algunos años me dio una valiosa lección. Mientras estábamos en un bar esperando que trajeran la botana, los meseros tardaban. Entonces, una pareja cercana se levantó de su lugar para ir al baño, tenían botana en su mesa. Mi novia, descarada ante todo, tomó sin mayor remordimiento botana de la mesa de ellos. "Hey, ¿qué te pasa?" le dije. Se rió. Finalmente, cuando regresaron del baño, mi chica le pidió al hombre que le regalara un cigarro.

Después, le dijo que se lo encendiera, delante de su pareja. Aturdido, lo hizo. Después de algunas fumadas, me miró fijamente y me dijo: "Cuando quieras algo, solo pídelo. Que te valga m... todo lo que piensen otros".

Debo reconocer que es una de las mejores lecciones que he recibido en mi vida. En los países latinos, se considera que cuando alguien te dice "no" es una agresión. Mi filosofía al respecto es: si otra persona desea que haga algo que yo no deseo hacer, simplemente digo "no". Si ellos se sienten agredidos... Me vale m... ¿Si tengo que decidir entre sentirme bien yo, y hacer sentir bien a otros pero yo sintiéndome mal, siempre me quedo conmigo. Que el otro se sienta ofendido, no yo. A final de cuentas ¡es su problema!

Aplícalo en tu vida. Sentirás la diferencia. Después de hacerlo la primera vez, ya no sentirás pena de decirle "no" a alguien. Es importante que te liberes de esos compromisos rápido, para que te enfoques en lo que realmente deseas. En lo que verdaderamente te hará feliz. Una de las causas de la insatisfacción interior y depresión de muchas personas, es por vivir los sueños de otros, las expectativas de otros. Eso no te hace feliz.

Di **no** a la esclavitud y un **si** a la libertad de hacer lo que te dicte tu corazón. Tomar decisiones en las que te enfocarás en hacer cosas que te ayuden a lograr tus sueños, no están libres de resistencia por parte de otros. Tienes que pagar el precio.

Es como el cuento de los cangrejos, si uno de ellos quiere salir de la cubeta, los demás lo jalan para impedírselo. Lo mismo te sucederá cuando tomes decisiones diferentes en tu vida.

Pero al cuento de los cangrejos le he inventado otro final. Los demás crustáceos de la cubeta, como son mediocres y flojos, después de estar luchando contigo para que te quedes con ellos, y ver que no pueden detenerte, se cansarán y te dejarán. Entonces, saldrás de la cubeta y verás la belleza del mundo. La belleza de caminar cada paso afuera de la cubeta en dirección a tus sueños.

Como diría Don Quijote a Sancho Panza: "Si los perros ladran, es que estamos avanzando". Recuerda: define cuáles son tus sueños verdaderos y enfoca todas tus energías en lograrlos. Lo conseguirás.

* Reflexiones e Historias extraídas del libro
Un Regalo para el Alma de José María Ventura.

EPÍLOGO

Hemos llegado al final de esta grandiosa obra, espero con mis más grandes deseos e intenciones que la información aquí compartida te sean de utilidad para aplicarlas en tu vida y te ayuden a superarte para lograr todo lo que te propongas en tu vida.

Así como un día nació dentro de mí un firme deseo de superarme y demostrarme a mí mismo que si se puede para entonces demostrarle al mundo que todo es posible si creemos firmemente en lo que deseamos y planificamos cómo lo obtendremos, eventualmente lo lograremos. Y como dice mi gran amigo, escritor y conferencista el Sr. Alejandro C. Aguirre: "Los sueños son los regalos de Dios como aquellas estrellas en el cielo que nos iluminan en el camino de la vida. Por esa razón ámalos, protégelos, cuídalos, disfrútalos y no permitas que nada ni nadie te los arrebate o te los destruya".

Esta obra se llevó a cabo gracias al grandioso talento y apoyo de grandes maestros y mentores. También al Sr. Alejandro C. Aguirre Escritor y Conferencista motivacional quién fue mis manos y parte de mi cerebro para transmitir y plasmar en estas bellas palabras el mensaje que comparto desde lo más profundo de mi corazón con la humanidad. Gracias a todos por su apoyo y por mostrarme que en la vida el camino que se toma se debe seguir sin voltear atrás siempre firme hasta llegar a nuestro destino final.

A todos mis queridos lectores, me gustaría compartirles que a pesar que muchas personas me vean sin manos y con un aparato incrustado en mi cabeza me siento feliz y agradecido con Dios y gracias a eso estoy logrando poco a poco que mis sueños se vuelvan realidad.

Si yo lo estoy logrando sobre esas limitaciones físicas, que muchos consideran así, que la verdad para mí no lo son, entonces qué estás esperando tú para lograr que tus sueños se cristalicen en algo real. Te exhorto y te animo a reavivarte para que retomes las riendas de tu vida y comiences a trazar nuevos caminos dirigidos a la excelencia y conocimiento de nuestro ser.

Todo comenzó con un sueño, una idea y el día de hoy te puedes dar cuenta que tienes en tus manos esta maravillosa obra "Una Vida Sin Obstáculos" que es una joya para mí y una muestra clara que si se puede. Siempre y cuando tengas tus metas y sueños muy claros y planifiques tu plan y lo pongas en práctica te acercarás a la meta.

Es una gran dicha saber que el día de hoy he logrado esta meta que forma parte de mi sueño además de tener esta obra es versión audio conferencia le estamos dando más vida en todas las conferencias y seminarios que estamos desarrollando con toda esa gente Hermosa que nos apoya y nos sigue a lo largo de de Estados Unidos y el mundo.

Esto es solo el comienzo de un gran sueño, seguiremos escribiendo con mucho amor para todos ustedes mis queridos lectores y auditores que nos siguen y apoyan con todo el corazón.

Es hora de despertar ese gigante dormido que está dentro de ti esperando a ser despertado para que inicies una mejor vida venciendo obstáculos, libre de limitaciones, libre de temor y con una actitud de vencedor que logra todo lo que se proponga.

Este es el mejor momento de tu vida. Inicia hoy mismo una vida sin limitaciones, poniendo tus sueños en las manos de Dios y haciendo tu parte. Recuerda el precepto bíblico que dice: "Ayúdate que yo te ayudaré".

Y de esta manera me despido, sin antes decirte;

¡Levántate, anímate y manos a la obra!

¡Hasta la próxima!

¡Bendiciones!

VIVIR Y APRENDER*

Con el tiempo he aprendido a no creer en las palabras sino en las actitudes, porque a las primeras las rige la mente y las segundas son el reflejo de la esencia.

Aprendí, que no es cierto que la primera impresión es la que cuenta, que se necesita mucho más que eso para crear un concepto y ese punto todavía es relativo.

Aprendí, que no importa lo que digan, si no hago lo que siento me estoy traicionando y a la larga el precio que se paga por eso es muy alto.

Aprendí que es más fácil levantarse de una caída, si me animo a saltar, que de una cobardía.

Aprendí a ser libre, reconociendo mis puntos débiles y enfrentando mis miedos, antes de que estos me consuman y me sequen.

Aprendí que no es el tiempo el que sana las heridas, sino el amor y la compañía.

Aprendí, que cuando se ama de verdad, queda marcado a fuego para siempre... y nada vuelve a ser igual.

He aprendido, que estar de un lado o estar de otro, es solo una barrera social, que cuando uno se atreve a escuchar la voz del corazón, crea su único y propio lado.

Y ese es el que en verdad cuenta.

Aprendí a animarme, a arriesgarme, a jugarme y pelear por lo que creo que vale, porque eso me hace sentir realmente vivo, aunque se convierta a veces en algo peligroso.

Aprendí a seguir, aún, cuando creo que no puedo más...

Y por todo lo que aprendí y viví... por todo lo que me resta aprender y vivir... y por todo esto que vale la pena decidí...

Que no voy a dejarte ir...

* Reflexiones e Historias extraídas del libro
Un Regalo para el Alma de José María Ventura.

CITAS POR
ERICK TORRES

1. Levántate, anímate, esfuérzate y manos a la obra.

2. No hay obstáculos, todo es mental.

3. Piensa y actúa en grande todos los días.

4. Que tus sueños sean más grandes que tus temores.

5. Sonríele a la vida y no te quejes.

6. Sé feliz con lo que eres y tienes, sé siempre agradecido con Dios.

7. El fracaso es solo un escalón para subir en la escalera del éxito.

8. Ámate, respétate y vive en total plenitud de tu ser.

9. Cuando las cosas se pongan difíciles oscurezcan tu vida, alégrate, después de la noche sigue el día, nada dura para siempre.

10. Cree en ti, confía en ti, porque si tú no crees ni confías en ti, no esperes que el mundo lo haga.

11. Ten fe en ti mismo, toma acción inmediata. No hay limitaciones.

12. La vida es una sola, hay que aprender a vivirla. Hay que sonreír en momentos difíciles, sonríe, sonríe en grande.

13. No existen limitaciones ni excusas, son solo mentales.

14. Piensa positivamente, sueña en grande y actúa en grande.

15. La felicidad no depende de nadie, está dentro de ti.

16. Se fuerte y valiente, eres una bendición de Dios, una obra perfecta.

17. Cree en ti, cree en tus sueños, sé tú mismo, ten fe en ti mismo y en Dios. ¡Tú puedes!

18. No te desanimes, sonríe en grande. Dios te ama.

19. Ten siempre un deseo ardiente para lograr cosas maravillosas en tu vida.

20. Es prohibido caerse, pero es permitido levantarse.

21. Nunca dejes de luchar por tus sueños hasta lograr

Eres una porción de la esencia de un Sumo Creador. Estás hecho a imagen y semejanza de la perfección. La felicidad está en ser feliz con lo que eres y tienes.

Aprende disfrutar de cada bello momento que tiene la vida, sin quejarte, superando obstáculos, logrando sueños y siempre agradeciendo a Dios por el precioso regalo que te dio para disfrutar de esta maravillosa aventura llamada *"vida"*.

La familia es la cimiente de la sociedad y el regalo más preciado que el Creador nos ha dado para disfrutarlo y ser felices. Valórala, respétala, disfrútala y sobretodo, se feliz y
hazlos felices a ellos.

Sé feliz con lo que eres y tienes, la vida es solo una oportunidad que nos han otorgado para vivir en total plenitud de
de nuestro ser.

Las limitaciones son mentales, no hay nada ni nadie en el
mundo que impida que tus sueños se hagan realidad y seas
totalmente feliz. La única persona que te puede limitar,
eres tú mismo, conócete y supérate. Recuerda que estamos
hechos a imagen y semejanza de un Ser Supremo. Aprende
a vivir la vida y ser feliz con lo él te otorgo, forma parte de
tu propósito de vida, no lo olvides.

Aprende a disfrutar de cada momento de la vida con tus
seres queridos, dándoles siempre amor
y llenando sus corazones de gozo y felicidad.

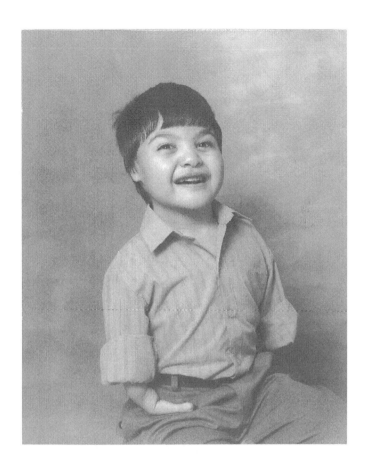

Piensa en grande, sueña en grande, actúa en grande
y vive en grande.

Cada día que el Creador nos da es una bendición para ser mejores de lo fuimos el día de ayer. Disfrutemos cada día al máximo si afanarnos por el mañana, cada día ya tiene su propio mal."

Entendí que no estaba solo y que no era la única persona
que estaba librando una batalla como creía. Todos pasamos por ciertas dificultades en la vida y solo algunos las
superamos, algunos cuantos se quedan tirados en el piso
por la falta de aceptación y deseo de superarse. Entendí
que el peor enemigo que tenia y que me limitaba era yo
mismo. Por lo que lucho por superarme a mi mismo cada
día y hasta el día de hoy es una batalla constante que terminará hasta el día que sea llamado por Dios.

Creer y confiar en uno mismo son los dos ingredientes
principales para lograr el éxito en la vida. Todo es posible
para el que cree con mucha fe y esta dispuesto a pagar el
precio por lograr sus sueños realidad y a poner la acción
necesaria para lograrlo.

Siempre he tenido la fe en Dios de que todo lo que me proponga lo lograré si pongo todo de mi parte para que sea posible. Hago siempre mi parte natural y dejo en manos de él lo sobrenatural.

Cada día es una nueva oportunidad para comenzar de nuevo. La vida consiste en disfrutar lo que el Creador nos ha dado para ser felices y amar a nuestro prójimo como a nosotros mismos.

Los bellos momentos enriquecen nuestras vidas, vive y se feliz con la gente que te rodea. Considerando siempre que hoy estamos aquí y mañana solo Dios sabe.

ACERCA DEL AUTOR

Erick Torres nació el 15 de Octubre de 1984 en la ciudad de New York, en el seno de una familia humilde y trabajadora. Los padres de Erick de origen dominicano y su hermana son sus mayores inspiraciones para que él siga luchando por conquistar sus sueños

Erick imparte conferencias de moti-vación y superación personal. Le gusta Inspirar y animar a la gente. Erick Nació sin manos ni brazos y con oídos cerrados. Escucha con un aparato *hearing aid*; tiene un solo una extremidad pequeña de su brazo con un solo dedo, con este dedo escribe en su laptop, usa su celular y maneja su automóvil.

Le encanta dibujar, tocar guitarra, escribir y todo esto lo hace con los pies y parte de extremidad de su brazo con su dedo. Siempre he sido una persona con ganas y deseo de salir adelante, nunca se da por vencido. Erick siempre predica con el ejemplo y como el suele decir: "Dios me ha creado en este mundo para demostrar a la gente que todos es posible, que nada es imposible. Hoy en día veo personas que tiene todo su cuerpo completo; sus brazos, pies, manos y viven infelices quejándose de la vida; frustrados, estresados y con muchas preocupaciones. Gente excusándose de todo y sin ganas de sonreír. Cuando camino por la calle veo solo caras de limón. Yo nunca me quejo de la vida, la vida es muy linda. Vivo feliz, alegre y muy gozoso y eso mismo transmito a la gente".

En mi opinión tenemos que ver solo para delante, para atrás ni para tomar impulso. Ánimo ¡Si se puede! Necesitamos tener fe y creer en nosotros mismos. Dios es muy bueno todo el tiempo, ÉL creo cosas maravillosas en este mundo nosotros somos parte de esa creación perfecta.

Todo lo que tiene que ver contigo es determinado por tu propósito y misión de vida. Dios nos creó perfectos. Nuestra herencia y mezcla étnica, el color de nuestra piel, nuestro lenguaje, estatura y todas tus otras características fueron hechos para el cumplimiento de nuestra visión. Somos seres perfectos para llevar acabo nuestros propósitos de vida. Recuerda, que las limitaciones están en tu mente y las discapacidades no son físicas sino mentales.

El día de hoy Erick se dedica a escribir libros de motivación y superación personal, además de impartir conferencias y seminarios de motivación y superación personal. Esta es su primera obra "Una Vida Sin Obstáculos" disponible también en versión audio-conferencia. A Erick le gusta motivar a inspirar a las personas en el mundo con sus conferencias y seminarios.

Erick siempre está al servicio de la humanidad predicando con su ejemplo como él dice:

¡Ánimo, mi querido lector, naciste para ser un ganador!

www.erick-torres.com

AUDIO LIBRO

UNA VIDA SIN OBSTÁCULOS

ACERCA DE ALEJANDRO C. AGUIRRE

Escritor & Conferencista Motivacional, Presidente & Fundador de La Corporación Alejandro C. Aguirre, Corp.

Su misión es contribuir al desarrollo y la transformación de individuos, grupos y organizaciones. Con un enfoque en la productividad personal, la motivación y la auto-ayuda. Para cumplir este objetivo ofrecen conferencias en vivo y en internet, libros y productos en audio y video en una variedad de temas incluyendo: superación personal y familiar, motivación, ventas y liderazgo. Con la meta primordial de impactar a todos los participantes, creando una introspectiva y un reto personal que los lleve a alcanzar una vida más feliz y abundante.

Alejandro C. Aguirre desarrolla capacitaciones y seminarios de Ventas, Liderazgo, Motivación, Superación Personal, Inteligencia Financiera & IQ Financiero, Cómo Hablar en Público & Persuadir a la gente, Cómo escribir un Libro, Maquinaria Mental y Re-Ingeniería Mental.

Sus clientes y público incluyen empresas de venta directa, escuelas, empresas privadas y publicas, así como iglesias, ministerios y organizaciones no lucrativas..

Alejandro C. Aguirre participa como Role Model (Modelo a seguir) en el Programa Reaching Our Dreams

(Alcanzando Nuestros Sueños) un Programa de Motivación para educar a los niños e inspirarlos a terminar su escuela y lograr sus sueños. Este Programa ha sido presentado desde del año 1998 por más de 300 ocasiones en 110 escuelas localizadas en 12 ciudades. Más de 500 líderes comunitarios han compartido sus experiencias y dificultades con más de 125, 000 estudiantes desde el tercer grado hasta el doceavo grado. Alejandro C. Aguirre ha motivado e inspirado a miles de niños en diferentes escuelas de New Jersey y New York.

Alejandro C. Aguirre con Nació en el bello estado de Tlaxcala, México. El fallecimiento de sus dos padres a temprana edad (16 años) lo impulsaron a superarse y llegar a los Estados Unidos, buscando nuevas oportunidades y con el firme propósito de conquistar sus sueños y así poco a poco lo ha venido logrando. Actualmente radica en el hermoso estado de New Jersey. Es padre de dos niños y el hermano mediano de cuatro hermanos.

La comunidad en New York y New Jersey le guarda mucho respeto y admiración por su deseo incesante de triunfo , inspiración y ejemplo a seguir en esté maravilloso mundo de la motivación y superación personal. Ya que mediante su ejemplo e inspiración muchas personas jóvenes y adultas están siguiendo sus pasos a través de sus fórmulas y filosofías de éxito. Guiando a muchos de ellos a convertirse en escritores y conferencistas motivacionales desarrollando sus propios eventos y materiales de auto-ayuda.

Ha aparecido en múltiples programas de televisión y radio tales como: Teleformula USA, La Revista Semanal TV Show, Telemundo 47, Aqui TV Show, Fama Y Misterio, Progrma Vida Grandiosa, De Todos y Para Todos

89.3 FM Digital, Radio Activa New York, La Rumberita, La Invasora, MundoNet Radio. También en algunas revistas Neoyorquinas como "Latino Show Magazine" y "FEM multicultural magazine". Además de ser el Locutor y Presentador del Programa de Radio "Re-Ingeniería Mental" "Reprograma tu Mente y Transforma tu Vida" en Radio Comunidad USA.

Ha compartido y apoyado a la comunidad hispana en algunos otros medios de comunicación haciendo columnas de motivación y algunas entrevistas en periódicos como " El Diario de México USA", "Poder Latino USA", "El Especialito", entre otros medios más.

Ha compartido con el mundo sus seis primeras obras "El Camino a la Excelencia", "Diseñados Para Triunfar", "Invencible", "Los 12 Diamantes Del Exito", "Las Siete Gemas del Liderazgo" (audiolibro), "Re-Ingeniería Mental: Reprograma tu Mente y Transforma tu Vida" y para padres e hijos su mas reciente obra "El Gran Sueño del Pequeño Alex" (audiolibro). Todas estas obras también disponibles en versión audiolibro.Y asi seguir apoyando con nuevos materiales de auto-ayuda a todos sus lectores y seguidores que lo impulsan a seguir escribiendo para ellos con mucho cariño y Amor. Manteniendo el firme deseo de seguir aportando a la humanidad un legado de Amor y Paz.

Alejandro C. Aguirre ha motivado e inspirado a muchas personas con sus conferencias y libros. Ha sido descrito por la editorial Palibrio como autor del mes por su buen ejemplo a seguir con sus obras, visión y filosofía en el mundo de la motivación y superación personal. En los últimos años este joven autor ha seguido muy de cerca las filosofías de grandes líderes, pensadores, filósofos y conferencistas en la industria en la cuál se desempeña.

Poniendo siempre en práctica lo aprendido y siendo un claro ejemplo que en la vida todo se puede lograr con una Actitud Mental Positiva.

Y como el lo expresa en sus obras "El que no se atreve a pensar y actuar en grande, jamás logrará algo extraordinario en su vida." Y bien dicho lo remarca en su tercera obra " Invencible", "Vive el día de hoy al máximo,como si fuera el último de tus días,es un maravilloso regalo, por eso se llama presente" y "Reprograma tu Mente y Transforma tu Vida".

Estas ideas, pensamientos y aportaciones forman parte de la filosofía y fórmulas de éxito de este joven autor , las cuales son tesoros invaluables y perdurables para muchas generaciones.

Alejandro C. Aguirre siempre se ha caracterizado como una persona visionaria, vanguardista, innovadora, conservadora, humilde, bondadosa, honesta, respetuosa y al servicio de la humanidad.

Para información de conferencias y otros materiales de apoyo visita **www.alejandrocaguirre.com**

Otras títulos de la editorial Aimee SBP™

Un Regalo para el Alma, *José María Ventura.*

El libro original que conmovió y cambió la vida de miles de lectores. Una hermosa colección de historias, anécdotas y pensamientos que te inspirarán y motivarán a alcanzar tus metas (ilustrado). Todos necesitamos de vez en cuando un "empujon-cito" para inspirarnos, levantar el ánimo y seguir nuestro camino... Este libro te traerá paz y felicidad en momentos difíciles.

Un Regalo para el Alma 2, *José María Ventura.*

Este segundo libro continúa tu jornada hacia la conquista de tus sueños y metas. Nuevas narraciones, anécdotas y pensamientos que te inspirarán y motivarán a alcanzar tus metas. (Contiene ilustraciones). Incluye clásicos como "El abrazo del oso" y "Desiderata" entre muchos otros.

Un Regalo para el Alma 3, *José María Ventura.*

Tercer libro en la exitosa serie, con más narraciones, anécdotas y pensamientos que te inspirarán y motivarán a alcanzar tus metas. (Con ilustraciones). Incluye clásicos como "En vida, hermano en vida" y "Huellas" este libro te motivará y te llenará de entusiasmo para luchar por conquistar tus sueños.

Piense y Hágase Rico: Edición Diamante, *Napoleon Hill.*

El sistema más famoso y efectivo para alcanzar la riqueza y la realización perso-nal. ¡Más de 70 millones vendidos! La *Edición Diamante* está basada en la versión original del autor, ha sido traducida, revisada y corregida ampliamente, con sumo cuidado y exactitud para no perder la esencia de la visión e intención del escritor. Incluye ejemplos y referencias actualizadas para que el lector moderno pueda comprender y relacionarse perfectamente con las enseñanzas impartidas.

33,000 Nombres para Bebé

Compendio de los nombres más populares. Descubra el origen y significado de más de 33,000 nombres de origen Italiano, Latín, Hebreo, Griego, Germano, Ára-be, Inglés, Castellano, Francés; así como nombres menos comunes de origen Ma-ya, Tarasco, Inca, Azteca y Náhuatl.

Pilares de la Excelencia, *José María Ventura*

Todos poseemos todo lo necesario para cambiar y mejorar nuestras vidas. Pero el primer paso es estar convencidos de que lo podemos hacer. Este libro te presenta los 10 Pilares de la Excelencia; al conocerlos y ponerlos en práctica, lograrás no sólo el éxito que te propongas, sino que trascenderás hacia la excelencia obteniendo una vida más plena y feliz.

Nuevo Diccionario de los Sueños

Todos recibimos mensajes en nuestros sueños, estos mensajes nos ayudan a tomar decisiones, nos previenen de situaciones negativas o peligrosas y nos comunican mensajes divinos. Este es un libro práctico y completo que le ayudará a interpretar más de 2,000 sueños.

200 Poemas de Amor
Colección de oro de los más famosos autores

Una selección de las más bellas poesías de amor de todos los tiempos. Incluye poemas de: Pablo Neruda, Amado Nervo, Rubén Darío, Gabriela Mistral, Gustavo A. Bécquer, Federico García Lorca, Antonio Machado, Mario Benedetti y Juan Ramón Jiménez entre otros.

Mi razón de vivir, *Eduardo Cholula*

Es un libro fabuloso, lleno de inspiración y motivación que te contagia a ser un mejor ser humano. Nos enseña como eliminar la insatisfacción y reemplazarla con la grata sensación de felicidad y autorrealización por medio del conocimiento de uno mismo.

La Misión de los 7 Sabios: Parábolas del Éxito, *Eduardo Cholula*

La Misión de los 7 Sabios es un libro que atrapará tu imaginación, y que no querrás soltar hasta concluir su lectura; logrará cautivarte sembrando en lo más intimo de tu corazón las semillas que germinarán todos tus fantásticos logros. Es un libro lleno de magia que te transportará por el camino que tu quieras elegir, el resto lo tienes que hacer tú. Dios da el alimento, pero nosotros lo tenemos que tomar y digerir, Dios pone agua en el arroyo, pero nosotros tenemos que ir y tomar agua.

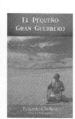

El Pequeño Gran Guerrero, *Eduardo Cholula*

Ni bien acabes de empezar a leer éste escrito serás primero, tomado de la mano por un maravilloso niño y su historia para descubrir, poco después, que fuiste atrapado y no recuperarás tu libertad sino hasta cuando termines de leer, de golpe, el texto completo.

Comenzando Bajo Cero, *Eduardo Cholula*

El estar o "Comenzar Bajo Cero" es tan malo o tan bueno, como usted decida ver; puede ser una escalera ascendente y camino firme hacia la cúspide o un horrible barranco... Esta obra te ayudará a tomar las riendas de tu vida para dirigirla hacia algo más positivo y productivo. "Es tu triunfo o tu final, es tu decisión".

Como un hombre piensa, así es su vida, *James Allen*

Traducida en más de 50 idiomas y cambiado la vida de millones. En ella, el autor plantea la idea de que nuestros pensamientos son las semillas de aquello que más tarde fructificará en nuestras vidas. Este libro ha influenciado e inspirado a un sinnúmero de escritores y motivadores famosos, entre ellos: Norman Vincent Peale, Brian Tracy, Mark Victor Hansen, Denis Waitley, Anthony Robbins y Og Mandino. Este libro es una joya de ética, virtud y responsabilidad personal.

La Ciencia de Hacerse Rico, *Wallace D. Wattles*

Es un libro práctico para conseguir el éxito y la prosperidad en la vida mediante un cambio de actitud y un desarrollo personal. ¿Piensas que la obtención de la riqueza es una ciencia exacta, como las matemáticas y la física? ¿Existen leyes y principios que, si los sigues al pie de la letra, podrán garantizar tu éxito? Y si es así ¿Dónde está la evidencia de todo esto? El autor tiene las respuestas a todas estas preguntas. Si estás listo para abandonar las excusas y comenzar tu jornada hacia la riqueza y la prosperidad, este es el libro que habías estado buscando.

De la Pobreza a la Riqueza, *James Allen*

Deja por un momento toda concepción e idea que tengas acerca de la riqueza como un sinónimo de fortunas, poder e influencia. Al estudiar y poner en práctica los conocimientos y principios que se tratan en este libro, llegarás definitivamente a ganar más dinero y obtener cosas materiales. La diferencia es que no solo tendrás riqueza exterior, sino que tu poder interior, tu serenidad infinita, tu bondad y amor eterno, serán también parte de ti, y eso es lo más importante. ¿Estás listo para experimentar este cambio?

Acres de Diamante, *Russell H. Conwel*

Esta conferencia se ha convertido en un modelo de la psicología moderna y sigue siendo la conferencia más popular que he ofrecido en los cincuenta y siete años de vida pública. Los "Acres de Diamantes" que he mencionado a través de tantos años se encuentran en cualquier país, ciudad o pueblo donde usted viva, y descubrirlos es responsabilidad de cada uno de nosotros.

Muchas personas ya los han descubierto, y los éxitos que han logrado aprendiendo y poniendo en práctica estos conocimientos, cualquier otro ser humano lo puede hacer. No he podido encontrar nada mejor para ilustrar mi forma de pensar que esta historia que he narrado, una y otra vez, durante tantos años.

Re-Ingeniería Mental, *Alejandro C. Aguirre*

La Re-Ingeniería Mental es un proceso en el cual el ser humano aprende a utilizar la maquinaria mental que tiene: Subconsciente, Imaginación creadora y autosugestión. Para construir y no para destruir. A través de este proceso una persona reestructura su mente, permitiendo que esta tenga acceso a nuevos patrones referenciales, más dinámicos, que le permita accesar nuevas realidades, con finalidades objetivas y concretas. En este libro Alejandro C. Aguirre ofrece, en forma completa y amena, información fundamental sobre cómo aprovechar al máximo el poder de nuestros pensamientos. El autor comparte las fórmulas que lo han llevado a lograr un éxito inusitado y con sencillez inyecta una buena dosis de entusiasmo y motivación al lector para ser audaz y atreverse a disfrutar una vida mejor.

Invencible, *Alejandro C. Aguirre*

¿Qué son la abundancia y la prosperidad y cómo podemos alcanzarlas? ¿Qué es el éxito en la vida?, ¿cuál es el camino para llegar a la felicidad?

Entendiendo cada uno de los 12 Diamantes del Éxito y poniéndolos en práctica podrás atraer y lograr éxito en tu vida. Llegar a ser exitosos y tener una vida llena de abundancia y prosperidad no es tan difícil como piensas. Todo está en la actitud y fe que pongas en todo lo que haces. Permíteme compartir estos diamantes y te sorprenderás de los extraordinarios cambios que ocurrirán en tu vida.

Para información y ventas llame gratis al **(888) 246–3341** (EU) o visite **AmeeSBP.com**

Comuníquese con nosotros también si usted quiere publicar

sus libros o audio libros. Gracias.

Made in the USA
Middletown, DE
07 March 2021